如果流落到一个荒岛上，你可以像鲁滨逊那样存活下去吗？

我们永远不知道自己将在什么时候需要野外生存技巧。

在野外遇险时，掌握一定的野外生存知识，生存机会会大大增加。

鲁滨逊启发我们的128个野外生存技巧

施明 编著

研究出版社

图书在版编目（CIP）数据

鲁滨逊启发我们的128个野外生存技巧 / 施明编著.
— 北京：研究出版社，2013.3（2021.8重印）
（越读越聪明）
ISBN 978-7-80168-774-6

Ⅰ. ①鲁…

Ⅱ. ①施…

Ⅲ. ①野外—生存—通俗读物

Ⅳ. ①G895-49

中国版本图书馆CIP数据核字（2013）第041458号

责任编辑：之　眉　　**责任校对：**陈侠仁

出版发行：研究出版社
　　　地　址：北京1723信箱（100017）
　　　电　话：010-63097512（总编室）010-64042001（发行部）
　　　网址：www.yjcbs.com　E-mail: yjcbsfxb@126.com

经　　销：新华书店

印　　刷：北京一鑫印务有限公司

版　　次：2013年5月第1版　2021年8月第2次印刷

规　　格：710毫米×990毫米　1/16

印　　张：14

字　　数：180千字

书　　号：ISBN 978-7-80168-774-6

定　　价：38.00 元

前　言

你读过《鲁滨逊漂流记》吗？即使你还没有读过，相信将来也会读到，因为这可是一部鼓舞人心的名著。主人公鲁滨逊爱好航海冒险，因船触礁而漂流到一个荒岛上。他必须面对如同回到原始的落后状态，必须学会依靠自然环境生存下去，必须面对可能出现的种种危险。他挖洞建屋，种植庄稼，饲养牲畜，制造工具。他凭借智慧和劳动，勇气和希望，在荒岛上生活了三十年。其中最为精彩最为动人的部分，还是鲁滨逊为了求生所做的种种尝试。

如果自己流落到一个荒岛上，可以像鲁滨逊那样存活下去吗？相信每个读者都可能有这样的设想。我们独自困在一个荒岛上的可能性也许不大，但人们在极短的时间内便陷入极度危险的境地，这样的例子可实在不少，例如在山区里度假，学校组织的野营，或者开车穿越荒野。我们永远不知道自己将在什么时候需要野外生存技巧。

我们也已听过太多发生在野外的悲剧。在生死攸关的突发境况前，许多人因为准备不足（包括装备和心理），或缺乏必要的生存知识而无谓丧生。如果稍有一些求生知识，他们也许就能活下去。而另有一些人因为具备必要的生存知识，并提前准备携带了一些简单的工具，生存的机会就大大增加，最后有惊无险，安然无恙，只是经历了一场刺激的冒险。

鲁滨逊在荒岛上的生存技巧和手段，虽在今天看来已经较为原始落后，但却包含了野外生存的基础内容，也可以启发我们更多的野外生存技巧。本书正是以大家所熟悉的《鲁滨逊漂流记》为切入点，具体讲述了128个实用的野外生存技巧，内容包括寻找水源、生火、获得食物、野外烹饪、搭建庇护所、制造工具、躲避自然灾害和危险、辨别方向、发送求救信号、自我急救等诸多方面。

到野外应该携带哪些装备？如何在野外获得可饮用的水？如果遇到风雪天气怎么生火？哪些植物可以吃哪些不可以？可以制作哪些简易武器来打猎？在野外有哪些烹饪方式呢？你会根据环境就地取材搭建庇护所吗？用大自然的材料可以做哪些工具呢？怎样渡河最安全呢？如何应付各种野兽呢？如何辨识天气和

方向？如何躲避各种自然灾害和危险？如何发送求救信号？你知道多少急救知识呢？……通过本书可掌握诸如此类的全面实用的野外生存知识。

如果没有火柴或者打火机，你还能生起火来吗？请不要认为，在越来越文明先进的时代，我们的生活就可以高枕无忧。新时代的青年应该具备各种丰富的知识，以备不时之需。本书中所讲的128个野外生存技巧，涵盖了野外生存技巧的各个方面，都是经过实用测验，被证实行之有效的，在很多情况下可以救命。清爽简洁的版式，图文互动的形式，精简易懂的技巧介绍，足以满足那些具有冒险精神的读者的好奇心和求知欲。让我们跟随鲁滨逊一起，在这里为自己埋下一笔财富。

目 录

CONTENTS

第一章　准备好出行装备

在野外生存，靠的就是生存知识和所带的装备。良好的装备能让你过得更舒服；知识可以弥补装备的不足，让你懂得利用当地的材料制造工具，或者将若干装备组合成生存利器。

第二章　寻找水源

水是野外生存最重要的东西。在特定情况下，一个人没有食物还可以生存几个星期，但是如果没有水，一个人最多只能生存几天。因此，要想在野外求生存，寻找水源是重中之重。

第三章　点燃生命之火

火，可以提供光和热，可以用来煮食物，还能驱赶野兽、加工工具、发送信号。在日常生活中，生火似乎已成为极其简单的事，可如果处在荒野中，你还能顺利地生火吗？

第四章　来顿植物大餐

如果是短期的野外生存活动，食物并不是最需要考虑的。然而，如果生存环境恶劣，或者在野外迷失，那么获取食物，补充营养，就是必需的。而野生植物无疑是一项重要的食物来源。

第五章　试着做个猎人

在野外，动物是提供蛋白质和脂肪的良好来源，兽皮、骨骼和肌腱等部位还能用来制作衣服或工具。因此，打猎便成为野外生存获取食物的一种重要手段。

第六章　捕鱼花样真不少

鱼也是求生过程中很值得考虑的食物来源。你可以制作捕鱼器，如鱼钩、鱼线、鱼叉，甚至用双手来捕鱼。具体采用哪种方法要根据你所处的环境和可利用的资源而定。

第七章　野外有厨房

野外的条件简陋，但你仍然要相信，只要充分利用身边的资料，愿意花些时间和工夫在吃上，那么你的食物也可以如厨房做出的美味佳肴一样，令人垂涎三尺！

第八章　搭建避身所

不论是形势所迫还是突发事故，你可能突然发现自己被留在了狂风肆虐的旷野，或是冰雪覆盖的荒原上，或是广袤灼热的沙漠深处。在那一刻，有个避身所将是你最迫切的需要。

第九章　歇一歇，搭个露营地

在恶劣的生存环境下，露营地不仅能为你提供舒适的住所，更重要的是它能保护你的安全。如果能搭建起一处完美的野外求生露营地，就表示你已成为一个真正的野外生存高手了。

第十章　自制用品和工具

在身逢绝境之时，能够利用周围的材料制作衣服和工具，绝对是一大惊喜。也许你所制作的大部分物件仅仅是简易的工具和粗陋的用具，但也将使你的生存挑战变得容易许多。

第十一章　当你不得不渡河时

在野外，有时候你不得不渡河。如果水较浅，可以徒步通过水道；如果水较深，可以通过游泳的方式泅渡；但如果水道太长，水流又深，那么就需要试着制作有些难度的木筏、小船等渡水工具了。

第十二章　野兽出没，请注意！

在野外，自然栖息的动物并不是天生就凶残的，但它们的确是潜伏在四周的危险。如果你侵犯或惊扰了它们，而没有意识到一些警示信号，从安宁到灾难也就是一瞬间的事。

第十三章　辨识天气，抵御极端气候

天气是决定生存质量的一个重要因素。在野外听不到天气预报的时候，那就只能靠自己来预测天气了。另外，对野外生存来说，极端气候是一种特殊的考验，我们就要迎接这些考验。

第十四章　躲避自然灾害与危险

　　在野外常有危险潜伏在你身边，你可能一不小心就踏进了流沙。像洪水、泥石流、雪崩这些自然灾害虽然很少发生，但处在野外也不得不防，如果遭遇了，我们该怎么应对呢？

第十五章　辨别方位，寻找出路

　　在野外迷失方向时，最基本的办法就是留在原地等待救援。待你确信待在原地不会等来救援时，再考虑离开原地。这时，只有了解自己当前所处的位置，你才能正确地进行下一步行动。

第十六章　发送求救信号

当人们发现你失踪了，如果不出意外，一场搜救行动很快便会开始。此时自己能否生存的关键之一，就是如何让别人知道你的位置，不管他们是专门来寻找你的还是仅仅是路人。

第十七章　做自己的"私人医生"

在野外，即使是一些小小的伤口，如果不及时处理也可能会使症状恶化，甚至丢掉性命。所以，你必须学会如何识别和处理它们，掌握一些在急救队和医生赶到以前能派上用场的急救基础知识。

第一章　准备好出行装备

在野外生存，靠的就是生存知识和所带的装备。良好的装备能让你过得更舒服；知识可以弥补装备的不足，让你懂得利用搜寻当地的材料制造工具，或者将若干装备组合成生存利器。记住，装备准备的原则：优先携带必需品，其次考虑用途广泛的装备。因为好的装备是可以一物多用的，所以运用面太窄的装备就不要首先考虑。然后，可以根据重量，再考虑用途单一的东西。

鲁滨逊在船上抢救了什么

　　渴望航海的鲁滨逊，在一次航行中遇到了海上风暴，他所乘坐的船不幸遇难，唯独他一人侥幸逃生，流落到了一个荒岛上。幸运的是，当风暴过去后，他发现自己乘坐的船就搁浅在了离岸边不远的一块礁石上。他想，自己若能上得了船，就可以拿出一些日常生活的必需品。于是，他脱掉衣服，跳下水，向大船游去。当到达船跟前时，他借着一根绳子顺利地攀上了船舱里。

　　进到船舱里的鲁滨逊，首先想到的就是要吃些东西。他走到面包房，将饼干装满了自己的衣袋，一边吃一边干其他的活儿。随后，他又在大舱里找到了一些甘蔗酒，他痛痛快快地喝了一大杯。现在，他需要一只小船，把他认为将来需要的东西，统统运到岸上去。可是，小船是肯定没有的。他只能利用船上的一些帆杠和木板，自己动手做一个木排。好在，船上的材料和工具足够多，这使他得以成功地做成一个牢固的木排，一个吃得住相当重量的木排。

　　木排做好后，鲁滨逊就考虑该装些什么东西上去，而且还要防止东西被海浪打湿。不久他便想出了办法。他先把船上所能找到的木板都铺在木排上，然后考虑了一下所需要的东西。他打开三只船员用的箱子，把里面的东西倒空，再把它们一一吊到木排上。第一只箱子里他主要装食品：粮食、面包、米、三块荷兰酪干、五块羊肉干，以及一些剩下来的欧洲麦子。船上本来还有一点大麦和小麦，但后来他发现都被老鼠吃光了或搞脏了。至于酒类，鲁滨逊也找到了几箱，它们都是船长的，其中有几瓶烈性甜酒，还有五、六加仑椰子酒。他把酒放在一边，因为没有必要把酒放进箱子，更何况箱子里东西已经塞满了。就在鲁滨逊如此忙碌的时候，潮水突然开始上涨，虽然海面风平浪静，但还是把他留在岸边的上衣、衬衫和背心全部冲走了。这使他非常懊丧，因为他游泳上船时，只穿了一条长短及膝的麻纱短裤和一双袜子。这倒使鲁滨逊不得不找些衣服穿了。船里衣服很多，但他只挑了几件目前要穿的，因为他认为有些东西更重要，尤其是木工工具。他找了半天，总算找到了那只木匠箱子。此时工具对他来说是最重要的，即使是整船的金子也没有那箱木匠工具值钱。他把箱子放到木排上，不想花时间去打开看一下，因为里面装些什么工具他心里大致有数。

除此以外，鲁滨逊认为还必须搞到枪枝和弹药。船舱里原来存放着的两支很好的鸟枪和两支手枪，鲁滨逊都拿了来，又拿了几只装火药的角筒、一小包子弹和两把生锈的旧刀。他知道船上还有三桶火药，其中有两桶仍干燥可用，另一桶却已经浸水了。于是他就把两桶干燥的火药连同枪支一起放到了木排上。此时，鲁滨逊发现木排上装的东西已实在不少了，于是他开始把它们运上岸……

遭遇海上风暴死里逃生的鲁滨逊，因为意外地发现了搁浅的船只，而有了抢救一些生活必需品的想法。于是他做了一个简易的木排，用来把东西运到岸上。但木排能承载的重量是有限的，一次只能运送三只箱子，他优先选择了食物、工具和武器。这三类东西是船员远航准备的东西，也是鲁滨逊优先选择的，可见它们是重中之重。而船员们和鲁滨逊的选择，也给了我们更多的启示——野外生存应该怎样选择出行装备呢？

技巧 01　挑选合适的衣物

野外出行，衣服准备得合适，能避免一些麻烦。可是衣服各种各样，应该怎样选择呢？

⊙ 分层着装原则

　　分层着装原则，可以提供最大限度的防护，而且适应于各种各样的气候条件。这个原则的道理很简单：静止的空气是最好的保暖介质，将空气夹在两层衣服之间，就可以产生静止空气。穿着的衣服层数越多，保暖的效果就会越好，同时控制温度也非常容易。你所要做的就是根据个人需要，增加或者脱掉一层衣服。

⊙ 可采取如下的分层着装方法：

　　★ 贴身穿着保暖内衣。
　　★ 内衣外面是毛纺或羊毛混纺的衬衣。
　　★ 衬衣外面是毛纺或者纤维质运动衫。
　　★ 最外面一层是透气又防风防水的夹克。

⊙ 鞋子

　　不管进行什么样的户外活动，最好都准备一双防水鞋。通常外出穿着的最好防水鞋都是鞋底柔软的布鞋。穿靴子也是不错的选择。因为凹凸不平的地面可能会扭伤脚踝，靴子可以在一定程度上防止扭伤。高腰的靴子还可以避免沙石等异物进入，在防蛇蝎等毒虫等方面也有极大的优势。不过，相对于轻便布鞋，靴子的确重了点，这就看你自己的选择了。出行之前，要仔细检查你的鞋子，看看有

没有脱胶、脱线、皮革断裂之类的问题，如果穿了不结实的鞋出行，会给你带来很大的麻烦。

⊙ 袜子

至少携带两双袜子，带一打也不是不可。这样说，是因为袜子的作用很多，可以作为紧急绷带使用，还可以做成火把照明。在寒冷的时候，把袜子折成团，塞在腋窝、腹股沟，或将袜子围绕在脖子上，都可以起到保暖作用。袜子甚至还可以当作过滤筒，帮你过滤从自然界中取得的水。袜子和鞋子一样，关键是结实、耐用、合脚、舒适。最好不要穿新的袜子，长途跋涉，穿新袜子会硌脚，新袜子会把脚磨出血泡。

⊙ 裤子

建议穿具有防风功能的裤子，裤子的质地应该轻薄、易干。纯棉或华达呢裤子是最好的选择。好的裤子，应该是质地结实而轻薄的，非常容易干爽，即使受雨水浸透之后也是这样。裤子上通常配有五个带拉链的口袋，以方便安全携带随身物品；裤脚应该配有绑腿或者裹脚，侧面装有拉链，这样可以确保即使是穿着鞋子，也能够顺利地穿上裤子。还要确保裤脚不能太紧，否则脚很容易发热出汗。

⊙ 夹克

夹克是外部防护层，必须具有防水和防风功能，而且还应具有良好的透气性。夹克应该配有一个较深的帽兜，大小最好能容纳一个帽子，拉上领子要能遮住面部的下方。夹克袖子应该配有腕部纽扣，长度应该能包裹住双手。夹克的尺寸应该足够大，能够容纳多层内衣，同时确保温暖气候中的空气流动。夹克上口袋的数量因人而异，但夹克外侧至少应该有两个口袋，而且要配有防水兜盖，内侧至少有一个口袋，以便装上地图。夹克长度应该到膝盖，腰部和边缘应该配有纽扣。夹克的颜色因人而异。有的人喜欢军队常用的橄榄绿色或者伪装色，这些颜色可能让人看着更顺眼，也更容易融入周围的环境；但是在发生紧急情况时，这种颜色反而不易于搜救人员的寻找和发现。因此，鲜艳的颜色能更加突出你自己，更加吸引救援人员的注意。

⊙ 手套

野外活动可使用多种滑雪手套和羊毛手套。其中，连指手套有更好的保暖效果，但如果要用到手指，连指手套又会显得很笨拙。因此，最好是连指手套里面再戴一双薄手套。

⊙ 帽子

据估计，在一些环境下，人体约有40%到50%的热量是从头部散失掉的。因此，头上戴着帽子非常重要。它可以防止在热天遭到直接暴晒而导致头疼和中暑，在气温较低的时候，还可以减少热量的散失，保持头部的温度，夜间还可以防止蚊虫的叮咬。

⊙ 雨衣

不管你的户外服装多么好，有多么好的防护效果，最好还是带上一件雨衣。衣裤分体式的雨衣便于行动，但是无法覆盖背包；自行车雨衣和摩托车雨衣能覆盖背包，但不能伸出手来，在野外特别是丛林里行动时会非常不方便。如果你的背包不防水，多带上一块油布遮挡背包。雨衣的作用不只是遮风挡雨，还可以用作帐篷、防水垫，可以保暖，甚至用来取水。

技巧要点

野外出行所要挑选的衣物，最关键的就是舒适耐用、防水防风。另外，挑选颜色鲜艳的衣物也很必要，因为鲜艳的颜色可以令你在危急时刻更容易被救援人员发现。

技巧02　准备一个工具包

在野外环境中求生，工具包是你的最好帮手。在行囊中准备一些简单的工具，它们在关键时候会发挥极大的功用，无异于拥有一个百宝囊。

⊙ 背包

首先，你需要有个背包来携带其他东西。背包的容量有大有小，比较适合野外使用的背包，容量一般在45升到70升。并不是背包容量越大越好，可以根据需要来选择最适当的。背包要防水防刮，结实耐用。背带最好是宽背带，以减少对肩膀的压力。背包中还要有透气层，否则你的背部很快就会积汗，变得非常不舒服。

⊙ 食物和水

为你的旅行带上充足的食物和饮水，要高能量的食物，合理搭配食物。肉干、果脯、饼干以及坚果，是即食食物，含热量高，易于保存，分量又轻，都是不错的口粮。肉类罐头除了可以吃，它的金属罐头盒还有多种用途，最好也带上几盒。再带上一些巧克力和糖果，但不需要带太多，因为它们只能提供短暂的爆发力，很快就会衰退。盐是野外稀缺资源，带上一包盐。

⊙ 刀子

在野外环境中，刀子可以说是必不可少的工具。它具有许多种用途，可以用来剥去动物的毛皮、切削水果和蔬菜，还可以对付野兽，砍树劈柴等。最好携带两种刀子，一把坚硬耐用的鞘刀，一把随身携带的折刀。要确保刀子保持干净和锋利的状态，还要确保它处于安全闭合固定的状态。不要把刀子投掷到树上或地上，那样会致使刀子损坏或者丢失。

⊙ 睡袋

睡袋在严寒的气候中非常实用，要是到高寒地区，比如雪地或高原，必须携带高质量的睡袋。好的睡袋应该装满绒毛，因为这是最好的绝缘材料。在潮湿的气候环境中，还需要为睡袋准备一个封盖。如果提前知道自己要在潮湿的环境中睡觉，最好准备一个装满轻质人造材料的睡袋，一种轻便的全天候型睡袋是最好的选择。

⊙ 手电筒

手电筒，在夜里可以用来巡查环境情况，可以作为灯光诱饵捕捉猎物，夜间行进可以为你照亮道路，求救的时候还可以发射信号。你最好选择体积小、重量轻、耗电少，又结实耐用的手电筒，并配备足够的备用电池。

⊙ 手表

虽然现在的手机都有了计时功能，但仍建议大家带上指针式手表。手表除了可以告诉你时间，在你不幸损坏了指南针的时候，还可以帮你通过太阳找到方向。最好使用有防水功能的手表，如果手表不防水，在下雨或者泅渡的时候，要用塑料袋把手表包裹起来。

⊙ 金属饭盒

带上一个金属饭盒，你可以用它来煮东西。即使你携带了锅，也要多带一个金属饭盒，在野外多一个"锅"，毕竟没什么坏处。

⊙ 地图

带上你将去往的目的地地图，当然也别忘记带上指南针。指南针和地图配合使用，能发挥最大的效能。地图最好结实防水，别折几下就碎了。最好再准备几张纸以及笔，当地图比例太大时，可以画简易的局部地图。

⊙ 绳索

如果觉得绳索是累赘，那就大错特错了，在救生、攀爬、滑降、渡河的时候，绳索都有极大的作用。带多少绳索，要根据地形决定。如果是登山，登山绳就得占相当大的比重，而在一般的情况下，单人携带30米的绳索，几个人带上100

米的绳索就足够了。最好能带上一两条自行车的刹车钢线，它可以用来做陷阱，制作网兜，做捕鸟套，还可以做成不错的弓弦。再带上一些用来捆扎东西的绳索，以及其他你觉得用得上的绳索。

⊙ 放大镜

一个纽扣大小的放大镜就足够了，他可以在有阳光的时候生火，除此之外，还有其他用途。

⊙ 防水布

防水布主要用来建造庇护所。最好用结实的帆布底防水布，边缘有金属环就更好了。防水布可以保护你的装备不受潮，在你泅渡的时候还能用来制造简易皮筏。3米见方的防水布可以制造很多东西，比如担架、皮筏、睡床。即使你携带了帐篷，仍建议你带上一块油布，它非常轻，可以用来造庇护所。

⊙ 打火机

打火机可以用来取火。街边卖的普通塑料打火机就不错，重量轻，使用方便，可以多带几个备用。

⊙ 大塑料袋

超市中结实的大号塑料袋，在野外能干很多事情，例如可以当作水桶提水，在干旱的地方可以用来蒸馏取水。而且，许多装备应该先装在塑料袋里扎好，再放入背包里。

【技巧要点】

你的背包所能装的东西是有限的，因此在选择装备时，优先考虑必需品，然后考虑那些用途多而小巧的工具。如果条件允许，尽量再放些用途单一的装备。

技巧03　能救命的小盒子

工具包准备好了，还需要一个救生盒。它是可以随身携带，在最后关头能救命的小盒子。

救生盒，简单说，就是一个盛放了一些必须的生存工具的小盒子。救生盒不需要多大，一个香烟盒那么大就足够了。救生盒需要防水、结实，如果你嫌铁盒太重，也可以找个合适的结实的塑料盒。救生盒应该存放以下物品。

一盒火柴，万一打火机坏了，不至于无法生火（仅限于其他生火方法都无法奏效的时候使用）；一段蜡烛，不但可以作为光源，还可以延长火种的时间，而且可以当作引火材料；一根打火石或打火棒，可以用来取火——它可以在野营装备店里买到；针线包，可用于修补衣服和其他物品；水质净化片，当水源可疑而且又无法煮沸的时候，水质净化片尤其重要；迷你指南针；信号反光镜，可用于发射求救信号；安全别针，可用于固定衣物和制作钓鱼钩；鱼钩和钓鱼线，钓鱼线要尽可能长，钓鱼线和鱼钩还可以用于捕鸟；一卷钢丝锯，甚至可用于砍大树；必需的药品。

要习惯于随身携带救生盒，哪怕宿营或睡觉时都不要嫌麻烦。最好放在有拉链的口袋里，保证它任何时候都不会丢失，而且记得经常检查，因为它是能救命的最后法宝。并且要定期检查盒里的物品是否生锈、损坏或变质，特别是火柴和药品。盒内的物品可用棉球或是棉絮包好，这样可以避免各种物品互相碰撞摩擦，而且棉球、棉絮在关键时候，还可以用来生火。

【技巧要点】

> 每时每刻都随身携带救生盒。
>
> 定期检查盒里的物品。

第二章　寻找水源

水是野外生存最重要的东西。在野外环境中，一个人没有食物还可以生存几个星期，但是如果没有水，一个人只能生存几天。因此，要想在野外求生存，寻找水源是重中之重。

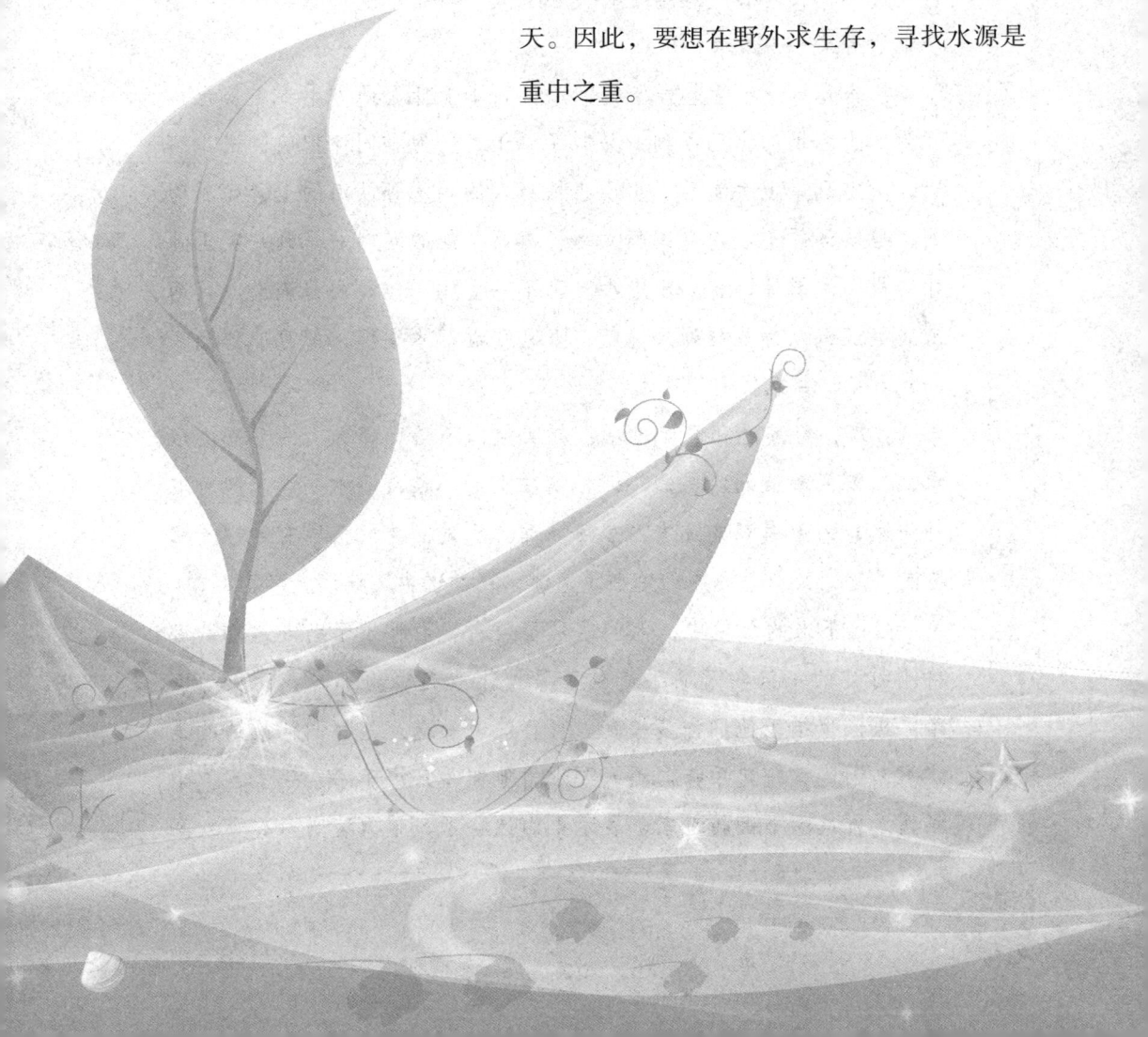

运气不错，有水相伴

　　鲁滨逊和同伴在第三次航海时遭遇海盗，大战一场后，被摩尔人俘获，沦为奴隶。后来，他们趁着为主人捕鱼的机会，划着主人的小船逃跑了。由于被摩尔人吓破了胆，生怕再落到他们的手里，鲁滨逊和同伴一口气在海上行驶了五天。可是，这样做导致了一个严重的后果——淡水紧缺。

　　鲁滨逊想，不管怎样，他们总得到岸上什么地方去弄点淡水，因为船上剩下的水已不到一品脱了。于是，他和同伴把船驶进小河口，决定到岸上去看看。由于害怕野人的独木舟从河的上游顺流而下，鲁滨逊并不敢走得离船太远，然而，他的同伴一见到一英里开外处有一块低地，就大步走去。可不一会儿，他便向鲁滨逊飞奔而来。鲁滨逊以为他被野人追赶，直到跑近时才发现，他竟然打到了一只野兔，并且找到了淡水。

　　后来，鲁滨逊和同伴发现，其实他们不必费那么大的力气去取水，只要沿着他们所在的小河稍稍往上走一点，潮水一退，就可取到淡水，因为海潮并没进入小河多远。于是，他们把所有的罐子都盛满了水，又把杀死的野兔煮了饱餐一顿，这才又继续上路了。

　　在接下来的旅途中，他们遇到了黑人。由于乐于助人，鲁滨逊将刚打死的一只豹子顺手送给了黑人让他们吃豹子肉。而作为回赠，黑人也给了他们许多粮食。可鲁滨逊知道，他和同伴最缺的是淡水，因此就打起手势向黑人要水。他把一只罐子拿在手里，把罐底朝天罐口朝下翻转过来，表示里面已空了，希望装满水。令人高兴的是，黑人看懂了他的意思，于是立马告诉自己的同伴，不久便有两个女人抬了一大泥缸水走来。鲁滨逊让同伴带了三只水罐，把它们都装满了水。

正是因为有了黑人给他们的这些粮食和淡水，才使得鲁滨逊和同伴又一口气大约航行了十一天，中间一次也没有登岸。

再后来，鲁滨逊一个人流落到了荒岛上，由于考虑到自己要长时间在岛上生活，便开始仔细思考选址造住所的问题。他感到目前他所居住的地方十分不好，一是因为离海太近，地势低湿，不大卫生；二是因为附近没有淡水。他觉得自己一定要找个比较卫生、比较方便的地方建造自己的住所。于是，他根据自己的情况，拟定了选择住所的几个条件：第一，必须如上面所说的，要卫生，要有淡水；第二，要能遮阴；第三，要能避免猛兽或人类的突然袭击；第四，要能看到大海……

鲁滨逊在逃跑途中所遇到的缺乏淡水的问题，以及他在荒岛上的选址，都体现了水的重要性——水是生存的前提条件，也是活下去的必需品。所幸，鲁滨逊在海上长时间的航行中可以取到河水，途中又得到了黑人送给他的淡水，而在荒岛上也会有一条条小溪。那么，如果我们某一天突然流落荒郊野外，身边又没有足够的储备水，我们该怎么办呢？

技巧04　水再足也要省着用

野外出行，要根据实际情况，尽量带上足够的水，并合理分配水的使用，以防出现缺水的情况。如果遇到了缺水的情况，就要采取一些方法，尽量减少水分的消耗。

在一般的环境中，一个人每天至少需要饮用2升水。某些特定情况下，对水的需求还会急剧增加，主要与天气、运动和体质有关。

人体损失水分过多而得不到及时补充，就会脱水。脱水会威胁人的生命。其症状包括：食欲降低、无精打采、急躁不安、昏昏欲睡、情绪不稳、说话含糊、神志不清等等。治疗的方法就是多饮水，补充体内水分的损失。

在恶劣的生存环境中，要尽量减少水分的消耗。应该把体力活动降低到最低限度，尽可能放慢活动速度，比如，忽快忽慢的行走比匀速慢走更消耗水。还要定期休息，降低活动强度。要是碰上炎热天气，最好在晚上或相对凉快的时候再进行一些必要的活动。

在炎热天气中，最好穿浅色的衣服，这样能反射太阳光线，尽可能减少水分消耗。人在感到热时，喜欢脱掉衣服，如果想生存下去，就千万不要这样做。衣服中有汗水，有助于降低衣服和皮肤之间的空气温度，进而减少因排汗而造成的水分损失。

尽量减少运动量，尽可能多休息，尽量避开恶劣的天气，尽可能少吃东西，尽可能少说话，尽可能用鼻子呼吸，不抽烟、不喝酒。如果你能注意到这些，你已有效地减少了水分消耗，无疑为野外生存添了不少生机。

【技巧要点】

尽量减少运动量；尽量躲避高温天气。

技巧05 这水能不能喝呢?

一般在野外并不缺少水，只要懂得怎样去找，怎样去取，是可以得到需求的水而维持生存需要的。最容易被发现的，是地表上的水。

在河流、湖泊、池塘、小溪等水源地，取水完全不是问题，重要的是会分辨水是否"干净"。山林中清澈的小溪、长满了水草的池塘，以及湖泊的水，因为有植物的净化，都可以直接饮用。从山岩渗透下来的水，经过了过滤，也可以直接喝。大雨过后从山坡上冲下来的清水，经过了树根和草丛的过滤，直接喝问题也不大。流动的水通常都是干净的，遭受化工污染的排除在外。一些江河水携带大量的泥沙，稍微过滤一下泥沙就可以喝了。

但要注意的是，在丛林中，夜间最好不要直接喝小溪中的水。夜间气温降低，丛林中的有毒气体会沉降下来，你可能会因为喝溪水而中毒。以下的这些特征可以帮我们辨别有毒水源：水源具有强烈气味，起泡沫或水泡；水源变色或有污物；水源周围缺乏绿色植物。有这些特征的水源，一定要谨慎饮用，最好不要饮用。

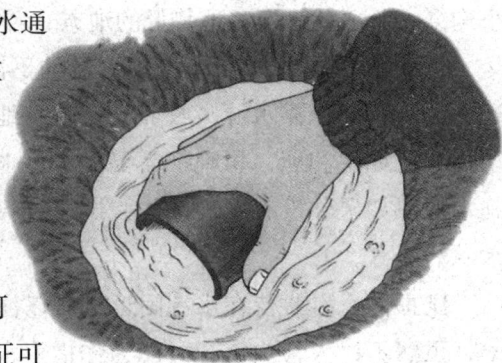

【技巧要点】

辨别水源是否"干净"，避免饮用有毒水源。

15

技巧 06 寻找隐蔽的水源

如果没有找到水源，没有发现河流和小溪，该怎么办呢？别急，在你附近准有水，有一些迹象，可以帮你寻找较隐蔽的水源。

如果你迷失在荒野，身上又没有带水，时间就所剩无几了，你需要尽快找到水源。可是，地面上看起来空空如也，干燥一片，并没有发现明显的水源，比如小溪、河流。这时候，如果你掌握了一些知识，就可以寻找到能救命的水源。一个最重要的原则是，水总是往低处流，而且往往是沿着河渠流。搜索一下谷底和小沟渠，总之就是那些地势低的地方，看看是否有隐蔽的水源。

再观察一下植物和动物。大量的不同种类的植被，意味着距离水源肯定不远，因为它们依靠水源吸收养分，就算地表上没有水，地下也一定有水源。食草动物，比如牛和鹿，早晚都需要喝水，也常常到水边散步，跟随它们能帮助你找到水源。如果你没有发现动物，试着寻找它们的足迹，它们的足迹经常是通向有水源的地方。

昆虫们也喜欢待在水源附近，所以注意观察昆虫，嗡嗡叫的成堆的苍蝇或蚊子，虽然不讨人喜欢，却可能为你指示水源。留意在树上列队爬行的蚂蚁，它们很可能发现了留在树洞里的积水。

另外，你还可以观察岩石。多岩地带的阴影处，也许有小水潭存在。岩石有裂缝，缝隙外面有鸟粪，说明可能会有水源，而且鸟喙就可以够到，如果真是这样，你用稻草或麦秆之类的吸管，就能取到里面的水了。

【技巧要点】

搜索地势低的地方；注意观察动植物；注意观察岩石。

技巧 07 水可能就在你脚下

在地面上寻找水源，却一无所获，不要绝望，也许水就在你脚下。找到有效的地下水源，就可以通过挖掘获得水。

水，可能会很快在地面上消失，但却能长久地存在于地下。有一些找水的好地点，比如表面上看起来已经干涸的河床。特别要留意河床的向外弯曲处，以及隐蔽、多岩石的地方，这些地方通常是河流地表水最终蒸发消失的地方，因而也最有可能是有地下水的地方。

②当你挖完坑后，存在泥土或地下的储备水便会渗透泥土流入洞中。

①在表面看似已经干涸的河床上，挖掘一个数尺深的坑。

一旦你发现了一处大有希望的地点，就可以开始挖掘了。如果你带了挖掘工具，比如一把小铲，挖掘就方便多了。如果没有挖掘工具，就可以找一根大树枝，用刀切削树枝的一端，制作一个像铁锹一样的工具，然后把这根树枝插入地里，挖出一个数尺深的坑，形成一个沉积洞。

过一会儿，泥土可能会开始潮湿，而坑洞可能会被从四周渗出的水逐渐充满。如果你已经挖了数尺深，但是泥土仍然保持干燥，那么只好换个地方再挖了。这样收集到的水，需要经过多次过滤，并且用开水煮沸后才能饮用。

【技巧要点】

选择好的挖掘地点；及时更换挖掘地点。

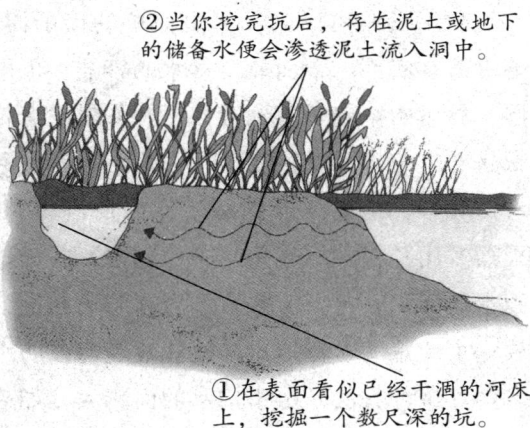

技巧 08　雨水也能救命

雨水，是一种相对干净而安全的水，简单处理下就可以饮用。因此，当乌云密布，快要下雨的时候，你应该准备好接雨器，尽量多收集一些雨水。

利用长布可以制作一个简单的接雨器。把长布缠绕在树干上，未扎紧的末端垂落在底部，下面放个接水的容器。下雨时，长布会被沿着树干落下的雨水浸湿，然后雨水会滴落到容器里。如果没有长布，也可以用衣物。这样接的雨水通常是干净的，可以直接饮用。不足之处是接水的效率不高。

如果你有防水布的话，比如宿营用的防潮布，还可以制作一种更有效的接雨器。用几根木棍把防水布撑起来，并插进地里固定住，使防水布有最大的接收雨水的面积。再把一些石子放在防水布上，使防水布的一端向下倾斜，并在下面放一个接水的容器。这样就能改变落在防水布上的雨水的流向，使其流入接水的容器。这种方法，由于接水的面积大，如果下大雨，短时间就可以收集大量的雨水。当然，之前一定要准备好装水的容器。

此外，在野外要充分利用大自然给我们提供的材料。比如可以将宽大、弯曲的叶子当作天然的水槽，用来收集雨水并转接到容器中。热带树叶面积宽大，而且叶面光滑，特别适合用来收集和转接雨水。

如果没有充足的装水的容器，而你的体力还算充沛，也没有计划继续前进的时候，就可以考虑造一个更大的接水器。挖一个大圆坑，并用防水布铺盖上。下雨时，雨水会积满圆坑，你就拥有了一个储水池了。切记，这样的水也不能一直饮用，几天之内它就会成为变质的死水。

【技巧要点】

根据自己的需要、拥有的材料和体力，选择最适用的接雨器。

技巧09　露水虽少却是宝

在没有水源的情况下，只要有草和树，就可以取到水。露水虽少，可不要忽视了它，关键时候，也能救命。

清晨的时候，湿润的空气会凝结成露水。低矮的灌木和你的帐篷上，也会在清晨凝结露水，不过为了获取它们，你必须早起，因为太阳升起来之后，露水就会消失。

你也可以将吸水的材料，比如衣物、毛巾，在草地上一拖，就可以把草地上的露水吸起来。将水拧出来，过滤以后就可以喝了。

如果你觉得上面的方法太费力，还有一个相对简单的方法：在夜里砍下一堆灌木或细树枝，堆放在地面上，厚度约30厘米。第二天清晨，堆积的树枝中就会凝结大量的露水，注意不要堆积地过密，有一定的空间，冷凝效果会更好。

【技巧要点】

选择吸水性强的材料。

太阳出来前及时采集。

技巧 10   让植物为你造水

在树木丛生的荒野里，树木不仅可以为你提供食物和荫凉，如果你会制作绿树蒸腾袋，它们还可以为你提供水。

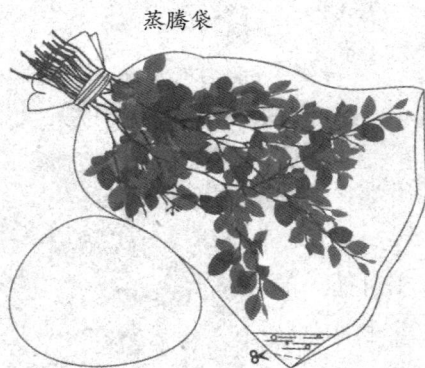

蒸腾袋

蒸腾取水

在白天有阳光的时候，可以通过植物的蒸腾作用取水。先找一个塑料袋，确保塑料袋上没有小孔或裂缝，因为任何空洞都将导致这一装置失败。再寻找一些绿色而又浓密的树叶，将塑料袋套在上面。注意，不要选择干枯的树叶，它们不会提供任何水分。将塑料袋口扎紧在树枝上，不要留下任何缝隙。然后静置。塑料袋内的空气开始升温，将树叶内的水蒸气逼出。水蒸气凝结成水滴，滴落在塑料袋的底端。每天都要换一根新的树枝，每天晚上要收集好袋里的水分。这样采集水很慢很有限，因此如果塑料袋多，可以几个袋子一起用。

当你将塑料袋罩扎在树枝上时，注意塑料袋和树叶之间要留出空隙，否则，树叶会将滴落的水滴迅速吸收。你可以用树枝撑开塑料袋。除了直接扎住树上的枝叶，还可以砍下一部分新鲜的枝叶，把枝叶装进袋子并扎紧，为了撑开袋子和枝叶的空隙，在扎住袋口之前，记得要像吹气球那样将塑料袋吹鼓。

【技巧要点】

确保袋子是没有孔洞的。
袋子和树叶间要撑开空隙。

技巧 11　旱地靠太阳"蒸"水

设想你迷失在酷热的沙漠地带，在你四周，除了滚烫的沙子，别无他物。不要绝望，哪怕你身边一无所有，只有几个塑料袋，也可以救你的命。

世界上有很多地方，尤其是沙漠地带，几乎没有水源，没有什么植物，也很少下雨。在这样的条件下，怎样才能生存下去呢？别慌，空气中看不见的水蒸气，将会成为你的救星，能给你提供少量但绝对安全的水。

通过自制的太阳能蒸馏器可以取得水蒸气。你需要一大块塑料布，或者是展开的一个塑料袋，确保这块塑料布上没有孔洞。注意不要选择黑色或反光材料的塑料布，这会大大降低蒸馏速度。塑料布必须能使太阳光穿透过去。

先在地上挖一个一英尺（30厘米）深的坑，在坑的底部放置一个容器。挖的坑必须要比塑料布窄一些。接下来把塑料布铺盖在坑上。塑料布边缘用石子和泥土压住，别留下任何缺口和缝隙，否则阳光会将坑中产生的水蒸气蒸发掉，使你白忙活一场。然后在塑料布中央压一块石头，使塑料布向下凸出的尖角，正好落在容器的上方，这样产生的水蒸气在塑料布上凝结流动，最后会滴落在容器内。

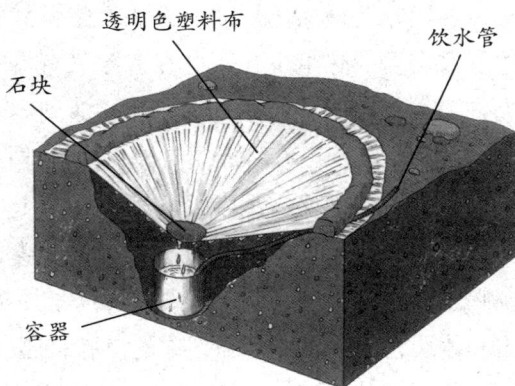

【技巧要点】

塑料布的透光性要强；塑料布要把坑密封住。

技巧12　冰雪可不能直接吃

雪原中的雪和冰，一般都是干净的，是非常好的水，那么是不是捧起来就可以吃呢？千万不要直接吃，这会让你得不偿失，甚至面临生命危险。

为什么不能直接吃雪或冰呢？因为用体内器官来融化冰雪，会造成大量能量损失，这样获得饮用水真是得不偿失。此外，在寒冷天气下吃冰雪，会使身体状况进一步恶化，严重者会造成体温过低甚至丧命。因此，冰雪必须融化后才能饮用。

融化冰雪最简单快捷的方法，是将其放在容器里，然后放在火上加热。融冰比融雪需要的热量少，因此在有冰又有雪的时候，优先考虑融冰取水。如果没有火，可以利用阳光的热量。将冰雪放到容器或塑料袋内，然后置于阳光下。为了提高融化速度，可以将冰块打碎，并且挂在阳光直射的树枝上。

你也可以把盛有冰雪的容器放在身上的衣服之间，用体温来融化。还可以将雪揉成团，用丝巾将雪团包裹住，放在嘴边吸吮，这样既不会让你冻手，还能控制喝水的速度。或者将一小块雪或冰含在嘴里，慢慢咽下融化的水。不要直接咬雪和冰块，否则可能会冻伤你的口腔，还会降低你的体温。

如果连容器和袋子都没有，可以制造雪盆来融化冰雪。在积雪上挖一个凹坑，然后放入部分小木棍和枝条，再覆盖一层塑料布或者树皮，完成后，在上面撒上薄薄的一层雪，当雪开始融化时，再加上一层雪。冰雪融化成水以后，就可以饮用或设法储藏起来。

融雪时一定要找纯净的雪，千万避开任何颜色粉红的雪。这种红色往往是因为含有有毒藻类而引起的，而且无法用传统过滤或净化方法处理。

【技巧要点】

冰雪必须融化后才能饮用；优先考虑融冰取水；避开颜色粉红的雪。

技巧13　水净化以后再喝

看起来很干净的水，是不是就能直接喝呢？为了你的健康和生命安全，你最好在饮用之前，再对它做一些处理——过滤和净化。

有些水虽然看起来很干净，比如溪水或者瀑布的水，但其中有很多虫卵和病菌，为了尽量避免由此导致的危害，在饮用从大自然取得的水之前，最好都进行过滤和净化处理。

过滤塔

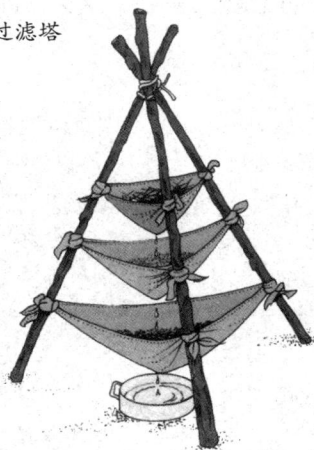

首先要过滤水。如果你身上有过滤器，直接使用即可。如果没有，可以用袜子制作一个简单的过滤器，也可以用T恤，但需要把领口和袖子扎起来，做成一个布袋，然后用不同的材料交替填充，可以一层沙，然后一层石块，再来一层沙，再一层石块。将水从布袋上端倒入，让它慢慢渗透，滴入下方的容器中。这种自制的过滤器，可以很好地过滤水中的大颗粒物质。此外，编织紧密的棉袜能起到更加有效的过滤作用。

虽然你已经过滤了水，但水里依然存在着看不见的病菌。这些病菌可能是有害的，会引起疾病，甚至危害生命，因此还需要进一步的处理——净化。使用专业净化剂是最好、最快捷的方法。净化剂方便携带，是一种化学药品，能杀死水里的病菌，只要按照说明书去做即可。

另外，还可以使用净化泵，在野营商店里有卖这种装备的。净化泵内部含有用于净化水质的化学物质。你要做的就是把净化泵的一端放入水中，然后上下拉动净化泵的把手，就会有水从净化泵的导管流出，而这种水就是可饮用的干净水。

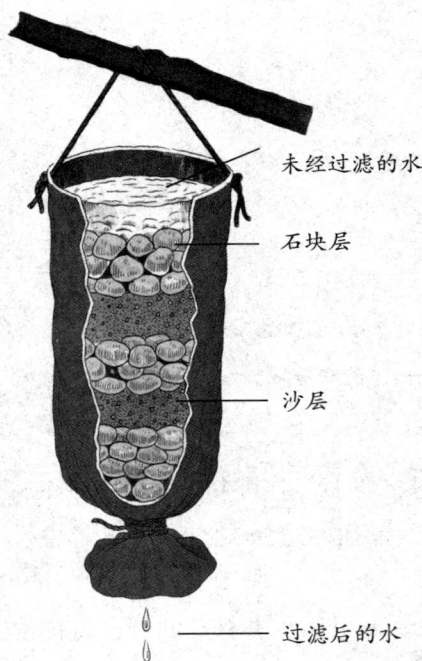

未经过滤的水

石块层

沙层

过滤后的水

如果你没有带任何净化水的装备，还有一种传统的净化水的方法，就是将水煮沸。将水加热到足够高的温度，并且持续足够长的时间，是一种简单有效的杀毒方式。将过滤过的水放在金属容器中，放在火上把它烧开。至于煮沸后要持续多长时间，美国环境保护署建议煮沸1分钟以上，由于水在高海拔地区不到100℃度就会煮沸，所以在高海拔地区要多煮沸几分钟。你可以在金属容器上覆盖一块布，这样可以减少水蒸气造成的水分流失。然后将它冷却，就可以放心饮用了。你可以将开水在两个容器之间来回倒几次，这样既能加快水的冷却，还能使口感更好。但煮沸对被化学有毒物质污染的水起到的净化作用有限，这类水即便煮沸也不适合饮用。

【技巧要点】

水是生存的根本，没有水，人就会因脱水而死亡。在紧急情况下，你可能没有进行过滤和净化水的资源可用。这时候，选择一个你认为最纯净的水源，然后毫不犹豫地饮用。为了紧急生存，你必须搏一搏。

第三章　点燃生命之火

　　火，可以提供光和热，可以用来煮食物，还能驱赶野兽，加工工具，发送信号。随着科技和装备的进步，原始火种离人类越来越远，但人类生存始终离不开火。在日常生活中，生火似乎已成为极其简单的事，可一旦发生重大灾难，现代科技无法派上用场时，你还能顺利地生火吗？野外生火的技巧，你又知道多少呢？往往，你所掌握的生火方法越多，生存机会就越大。

偷偷摸摸也要生火

　　鲁滨逊在岛上独自生活了18年，火是他在荒岛生存所必需的。他在山岩下建造好住所后，就想到必须要有一个生火的地方，还得准备些柴来烧。他用火烤羊肉，烤乌龟蛋，烤面包吃，还用火烧制陶器，烧烤木头制造工具。而且，他还发现了会使用火的野蛮人。这让他惊愕万分。

　　一天，他从山岗上下来，走到岛的西南角时，被看到的情景吓得惊慌失措，目瞪口呆。只见海岸上满地都是人的头骨、手骨、脚骨，以及人体其他部分的骨头。有一个地方还曾经生过火，地上挖了一个斗鸡坑似的圆圈。他感到恐惧万分，猜想这一定是附近陆地上的野蛮人留下来的。那些野蛮人大概就围坐在那里，举行残忍的宴会，吃食自己同类的肉体。

　　自从鲁滨逊发现岛上有食人的野蛮人出没，他就很担心这些野人会来吃掉他，尤其叫他担心的是生火这件事，他唯恐烟火在白天老远就被人看见而把自己暴露。因此，他把一切需要生火的事，如用锅子烧东西或抽烟斗等都转移到他那林间别墅去做。在那儿，他待了一段时期之后，偶然间发现了一个天然地穴，这使他感到无限的欣慰。地穴很深，即使野人去到洞口，也不敢进去。说实在的，一般人谁都不敢进去，只有像鲁滨逊这样一心一意想寻找安全的藏身之所的人才会冒险深入。

　　鲁滨逊不敢在他的住所附近生火。可是，为了生存下去，他不能不烤面包，不能不煮肉。因此，他就在这个洞穴里拿一些木头放在草皮泥层下烧，把木头烧成木炭，熄火后再把木炭带回家。这样，如果家里需用火，就可用木炭来烧，省得有冒烟的危险。

至于这洞通向何处，他当然不得而知。当时他手头没有蜡烛，只好暂时不进去。第二天，他带上蜡烛和火绒盒进了洞。那火绒盒是他用一支短枪上的枪机做成的。另外，他还带了一盘火种和六支自己做的大蜡烛。他现在已经能用羊脂做出很好的蜡烛。他钻进那低矮的小洞时，不得不俯下身子，在地上爬了约十来码。在钻过通道后，洞顶豁然开朗，洞高差不多有数十英尺。他环顾周围上下，只见这地下室或地窖的四壁和顶上，在他两支蜡烛烛光的照耀下，反射出万道霞光，灿烂耀目，这情景是他上岛以来第一次看到的。至于那岩石中是钻石，是宝石，还是金子，他当然不清楚，但他想很可能是某类珍宝。

火对于野外生存至关重要。像鲁滨逊一样熟练地使用火，是野外生存必须学会的技能。火有驱寒取暖、照明、煮熟食物、防卫猛兽等等重要作用，因此在野外生存必须懂得如何生火、选择地方生火和保存火种。

技巧 14　让火"活"起来

生火技能是野外求生的一种必备能力。或许不少人认为，生火再简单不过了。可如果你想用尽量少的材料生起火来，不了解一些知识和技巧，是没那么容易做到的。

一般来说，生火需要火种、火绒、引火物、燃料和空气。

野外生存都要带上火柴。打火机虽然好用，但在高温、严寒、潮湿的地带，也许会因为爆裂、冻结、潮湿而失灵。所以，无论你带了多少个打火机，都还要再带上火柴。用熔融的蜡将火柴头包裹起来，可以防止火柴头受潮而失效。另外，你还要带上一些蜡烛，以延长火种的时间，生火时先点燃蜡烛，等火生起来后再熄灭它。

火绒，简单说，就是容易被火种点燃的东西，可以使用任何轻巧的纤维材料，这些材料很容易起火。在野外环境中，鸟兽的绒毛、干枯的草叶、纸张、棉花这些，都可以做火绒。火绒和火种一样重要，应该好好保护你的火绒，保证火绒的干燥。火绒常常能在野外搜集到，但你的背包里也要有两团拳头大小的火绒，以备在潮湿等极端情况下生火。养成保存火绒的好习惯，在途中遇到好的火绒就保存下来，放在塑料袋里。

引火物是指比火绒更加粗大一些的材料。一旦火绒被点着，将引火物填进去，可以使火燃烧得更旺盛，方便你继续添加燃烧物。最好的引火物是干燥的树枝。最好选择干燥的棕色的树枝，因为绿色的树枝含有水分，不会燃烧得太好。另外，松果和树皮碎片也是不错的引火物。

燃料就是能燃烧的东西。等引火物把火稳定以后，再把燃料放进去。野外最普遍的燃料当然是草木。在紧急情况下，还可以燃烧动物的粪便作为燃料。

请牢记一句话：火要空心。生火必须保证空气的流通。火需要流动的空气才能保持燃烧，所以当你点燃燃烧物时，不要把木头堆积得过于紧密，否则很可能会导致火焰熄灭。必须有足够高的温度引燃燃料，如果不超过燃料燃烧的临界温度，燃料是不能燃烧起来的。你的火种可以满足这个要求，只要你有足够的引火物，一旦点燃了就很容易引燃柴火。

在野外干燥的地方生火相对来说很简单，先选择好一个生火地点，收集足够的燃料，将最细碎微小的火绒、较细小的干燥树枝做的引火物，以及不同粗细的干柴分开。最好的生火方式是金字塔式和八字架势：先清理地面，以免引起火灾，再将引火物放好，依次搭上小树枝、中等粗细的树枝、粗大的树枝。搭建过程是由内到外，由细到粗，形成一个金字塔型或八字架型。点燃火种引燃引火物，引火物再引燃更大块的燃料，只要燃烧能持续进行下去，剩下的就是添加燃料了。这样你就成功地将火生起来了。

【技巧要点】

金字塔搭建

八字架搭建

选择好一个生火地点，生火地点应该防风防潮。

要养成携带火种的习惯，切记将火绒放置在防水的地方。

火在开始燃烧的阶段容易熄灭，此时应避免添加过多的可燃物。

技巧15　选择生火地点

"火"有两种：一种是能够引起火灾的恐怖之火；另一种是为了求生的生命之火。你一定不希望因为生火选址不慎而伤及性命吧。

　　生火地点要精心选择，以便于取暖、保护自身安全和煮熟食物。选择任何地址生火，都要先将地面清理干净，特别是在秋冬干燥季节的山林、草原中，至少要清理出一块直径2米的地方来生火，这样引起火灾的可能性将大大减小。

　　如果你要在积雪较深的雪地或者沼泽地生火，就应该搭建一个堆状的火堆。堆状火堆包括一个高于地面由原木构成的平台，平台顶部铺上泥土，四个角垂直竖立，同时还要搭造横梁和支撑叉，来固定平台。

　　如果在草木丛生的地域生火时，首先要在火址周围清理出一片宽阔的圆形地带，以防火焰蔓延到周围的植被，同时也要就近储存引火物和燃料。

　　不要靠着石块生火，相反，要在石块和火堆之间留出适当的距离，以便人能够坐于火与石块之间。想要获取更多的热量就要在火点外围搭建一个简易的围墙，这样能够把热量圈起来。

【技巧要点】

　　选择任何地址生火，都要先将地面清理干净，特别是在秋冬干燥季节的山林、草原中，至少要清理出一块直径2米的地方来生火。

　　想要获取更多的热量就要在火点外围搭建一个简易的围墙。

技巧16 有风照样生火

在有风的情况下，生火变得很困难，但还是有办法解决的。

⊙ 自制一个防风筒

在风中生火，最重要的是防风。为了防止蜡烛的小小火苗被风吹灭，你需要做一个防风筒。一节竹筒、切开的塑料瓶，甚至用纸张或布卷起来，都可以作防风筒。防风筒底部开几个小孔，以供空气流通。点燃蜡烛后，盖上防风筒，用引火条取火，直到火生起来以后，再熄灭蜡烛，这样就不必浪费太多的火种。

⊙ 防风墙

除了自制一个防风筒，还有其他一些防风手段。在多风的情况下，你应该搭建一个防风墙：用石块将火堆围住，石块不但可以挡风，还可以当作灶台使用。

⊙ 挖火沟

火沟可以避开强风，沟里能形成穿堂风，保证空气的流通，这样就容易生火了。火沟长1米左右，深和宽都30厘米左右。如果是干燥的地方，可以直接在沟里生火。如果地面潮湿，先铺上一层小石子或干土，隔离沟里的潮气后再生火。在沟边摆上几块石头，同样可以做灶台使用。

【技巧要点】

> 在风中生火，最重要的是防风。使用蜡烛时，做一个防风筒，能避免浪费火种。用石块将火堆围住，石块不但可以挡风，还可以当灶台使用。

技巧17 潮湿地带生火

在潮湿的环境中生火可不容易，你需要找相对较干的地方，而且燃料也是一个会让你头疼的大问题。

⊙ 提前准备燃料

如果遭遇下雨，几乎一切东西都会潮湿。在这样的情况下，你的预见性很重要。如果你提前做了准备，已经保存了一些燃料，比如一些干草和小树枝，你就可以相对容易的生起火来了。一旦火势稳定，很容易烤干潮湿的柴。

如果突然下雨，你又没有做准备，应赶快行动起来，去寻找干枯的树枝。尽量寻找粗一些的，比如像小手臂般粗细的结实的柴火。这些柴火虽然表面已经淋湿，但是内芯还是干燥的。不要选择看起来粗大，但是已经腐朽的柴火，这样的柴火吸水很快。

⊙ 合理利用火绒

火绒和引火物的区别不明显，都是比较细碎而容易燃烧的，只是火绒更加细碎一些。好的火绒只要一点火星就能燃烧起来。野外可以做火绒和引火物的东西很多，比如鸟兽的绒毛，干枯的草、树叶，剥下的干燥树皮纤维，从竹木上刮下的碎屑，医药包中的棉花，甚至撕碎的布条，食品的包装袋以及一些化学物品。

在有足够的火种和燃料的情况下，火绒的作用不那么明显，可如果在极端的情况下，你就必须谨慎利用火绒，争取用最少的火绒生火。但是使用火绒并不是越少越好，而是合适。过少的火绒不足以引燃引火物，你需要不断地添加，反而更浪费，还不如一次性用够。生火最好是一次成功，这样最节省生火材料。

塑料很容易燃烧，而且不受潮湿影响，在需要的时候，可以将塑料袋、塑料瓶切成条状作为火绒和引火物。另外，食用油也是很好的引火物，树枝蘸油很容易被点燃，稍微蘸些油的软木柴更是如此。

在潮湿的地方，虽然柴火都是湿的，但仍要按照粗细分开。首先，细树枝最容易被火苗烤干而燃烧起来，而湿的枯叶和草就不要冒险用来当引火物了，因为它们虽然看起来比细树枝更容易点燃，但也更容易熄灭。

⊙ 搭建一个火台

在山地中，某些大石头底下是干燥的，可以先在那里生火，然后再转移到别处。还可以用石块或土块搭建一个火台，垒出一个高出潮湿地面20厘米的台，台的顶部用5到10厘米厚的碎石铺平，在碎石上生火——碎石上的水只需要一点点热就能烘干。如果你带了足够的木柴，把木柴并排铺在火台上，在干柴上生火更容易。

挑选石块要小心。吸水后的石头可能会在高温下爆炸，质地较软、有裂痕、中空多孔的岩石，在含有水分且高温的情况下都很容易发生爆炸，因此不能直接在这类石头上生火，也不能把这类石头摆在火堆边做灶，否则爆炸的石头碎片可能伤害眼睛。质地致密的花岗岩、石灰岩，以及河边的鹅卵石最适合搭建火台，但是泡在水中的鹅卵石非常危险，不要让它直接接触火，可以把大块的、松软的、长期浸泡在水里的鹅卵石放在火台的最底部。

在沼泽中，一切都太湿了，用稀泥搭建火台显然不合适，这时可以用树枝支撑一个架子。将四根树枝插在地面上，离地面20到30厘米处用横木搭成架子，可以使用刚砍下的新鲜树枝，然后在架子上铺一层碎石，在碎石上生火。火势旺盛后，架子可能会被烧塌，不过这时候，地面差不多也被烘干了。

【技巧要点】

塑料很容易燃烧，而且不受潮湿影响，在需要的时候，可以将塑料袋、塑料瓶切成条状作为火绒和引火物。

在下雨不止时，先搭建一个棚子挡雨再生火。切忌在窄小的庇护所里生火，以免控制不了火势而造成火灾。

技巧 18   风雪天里生火

野外生存时，遇到风雪交加或雨不停歇等坏天气时，你可能因为无法
生火而要忍受饥寒交迫，但实际上，天气不好的时候也可以生起篝火。

遇到雨雪天气等紧急情况时，你的生命取决于温暖的火，你必须使用最可靠、最简单同时最有效的方式生火。因为，下雨下雪时，身体会被淋湿，这不仅会消耗体力，而身体发冷的话，甚至还有冻死的可能。你首先应该找个地方避雨，然后将放在塑料袋里的防水火柴和报纸（树皮等）铺在干燥地面上，再在上面放好小树枝，用火柴点火。火势稳定后就可以燃着稍微湿一些的枯叶或树枝了。等火烧得再大些就可以放一整根木头进去。

如果附近有大块较平的石头，你可以把它颠倒过来，将柴火放在比较干燥的那一面上。在雪地里点火也是一样，只要用树枝或木头垫在下面就可以了。这样，即便天气不好，你也能生起火来，保证自己的温暖！

【技巧要点】

将潮湿的大块石头颠倒过来，在干燥的那一面生火。

用树枝或木头垫在潮湿地面上就可以生火了。

技巧19 跟古人学取火

即使在最荒凉的旷野中，一堆篝火也将带给你温暖、光亮以及熟食。没有火柴吗？别担心！除了火柴外，取火的方法有很多种，绝不会让你挨饿受冻！

野外求生的过程中，你必须学会如何在没有火柴的条件下生火。以下多种简易方法都可以生火。

⊙ 钻木取火

人类使用钻木取火已经有几千年的历史了。其原理就是利用两个物体放在一起迅速摩擦，就会产生热量。首先，找一块或者砍一块长的、平坦的软木材。在木材的一端切开一个V形缺口，然后在这个V型缺口旁边挖一个小圆坑，我们把这块木材称为"火炉"。接下来，你需要一根坚硬而又笔直的硬木棍，将其一端削尖，另外，从钝头的一端向下三分之一处，围绕其周长切开一圈浅浅的凹槽。这根木棒我们称之为"钻头"。然后再制作一张弓，把弓弦固定在"钻头"上的凹槽处，"钻头"的尖头放入"火炉"的圆坑中，边上塞一些火绒，最后找一个小木块用作掌托放在钻头的顶端。现在，前后转动弓，使"钻头"快速旋转，转动的速度越快就越能保持热量。在"火炉"的圆坑中产生的热量，随后会产生火花，传递到缺口处的火绒上，直到木头开始阴燃。

前后转动弓，直到木头开始阴燃。

火绒

除了用弓钻取火外，你也可以用手钻取火，手钻取火需要花费很大力气，中途节奏也要保持平稳，中间不能停顿，否则木块冷却产生不了热量。

⊙ 用打火石取火

在某些地区，你可以找到一块天然的燧石，但你最好是自带打火石和钢片。手持打火石和钢片靠近火绒团（火绒团最小应有拳头大小），用钢片的边缘顺着视线方向朝下打击打火石，将冒出的火星引至火绒，燃烧后轻轻吹起或扇风，以产生更大的火焰。

将打火石尽量靠近火绒，然后用钢片（打火棒）向下擦击打火石。请确保火绒的干燥，以便使这一取火方法生效。

⊙ 制作一个火犁

用火犁取火已经有几千年的历史了。这种方法与前面的钻木取火法类似，但这一次，"火炉"上是一条沿着其长度延伸的沟槽。和前面一样，先砍下一根木棍用作"犁"，将"犁"的一端弄平，确保这根木棍的宽度与"火炉"上沟槽的宽度相同，接着在"火炉"上放一些火绒。用"犁"在"火炉"的沟槽里前后快速摩擦，随着热量的增加而产生火星，之后阴燃沟槽里的火绒。

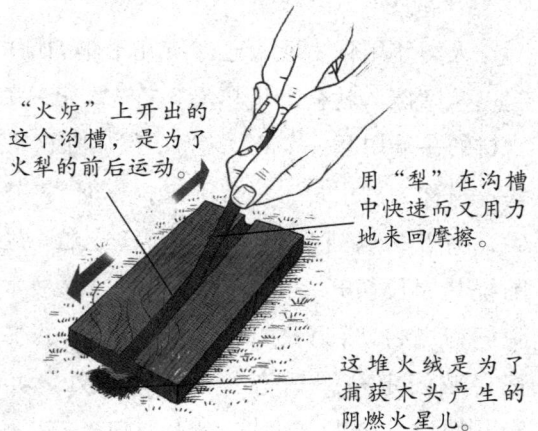

"火炉"上开出的这个沟槽，是为了火犁的前后运动。

用"犁"在沟槽中快速而又用力地来回摩擦。

这堆火绒是为了捕获木头产生的阴燃火星儿。

【技巧要点】

生火时多准备一些火绒，并把引火物和燃烧物放在旁边，一旦火生起，可以立即使用。

使用"火犁"摩擦时，务必要快速而又用力地来回摩擦。

技巧20　多收集些燃料

野外求生时，多花点时间在收集燃料这项工作上，绝对是值得的。

要维持火，需要更多的燃料。野外环境有各种燃料，应该怎样选择处理呢？

野外生存的一个基本原则是节省，在火堆上堆起太多的柴火，除了产生更多的烟和浪费，并没有多大的好处。除非你是要用烟和火发出求救信号。

枯草和枯叶很容易燃烧，但是并不耐烧，如果你想火堆彻夜不熄，就得花很长的时间收集它们。腐朽的干柴也一样，它们是良好的引燃物，但不是好的燃料。质地致密而结实的枯枝是很好的燃料，投入一根可以烧得很久，可是粗大的枯枝在茂密的丛林也不一定遍地都是。

简单而言，在大多数的野外生存中，要收集大量的干柴并不容易，你必须要懂得怎样最大限度地利用资源。

新鲜的树枝也能作为柴火使用，相对而言，新鲜的树枝比寻找枯枝容易得多。只要你生起了一小堆火，采取一定的方法，就可以获得足够的柴火，保证火堆彻夜不熄。

比较细的新鲜树枝直接投入大火中，很快就能燃烧起来，但粗大的树枝甚至圆木，对火势起不到什么积极作用，丢进一根或许影响不大，可是太多就容易让火势慢慢变小甚至熄灭。可以搭建一个简单的架子，利用火的热量将湿的或者新鲜的树枝烤干。

理论上讲，你会需要储备两捆干枯的柴火细枝。天气极其恶劣的时候，你收集的数量应加倍。特别是夜幕降临时，应储存足够多的木材。

【技巧要点】

新鲜的树枝虽不易燃，但是容易得到，可以先将它烘干，然后再使用。

技巧 21　如何携带火种

在希腊神话里，普罗米修斯违反了天神宙斯的旨意，盗取火种带给人类，人类也因此有了火。有了火种以后，人们开始变得强壮起来，生活也变得幸福和美好起来。

携带火种不仅可以有效地节省生火材料，还能避免夜间宿营时生火的种种不便。要把火种从一个地方带至另一个地方，你可以将火绒包在一块树皮中，用一块余火使其阴燃，然后将这个管状物迎风引燃，使其保持燃烧。或者你也可以将一块热碳放在通风的铁皮罐中。

制作带火捆也是携带火种一个有效的办法。用干燥的火绒包裹一定数量的燃炭，外层再覆盖以潮湿的草或树叶，使其置于一个带有通风口的容器内。此外，还有其他携带火种的方法。如：带一根燃着的木棒，并向空中挥舞。另外一种方法是用防火叶卷裹一块燃炭。

【技巧要点】

热燃炭、火绒和潮湿的植物置于容器中可以长时间闷燃。

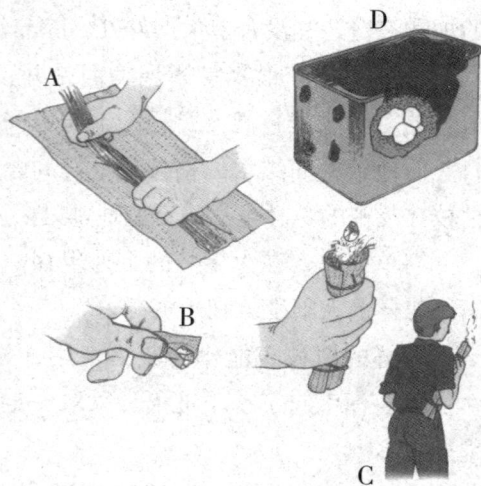

第四章　来顿植物大餐

如果是短期的野外生存活动，食物并不是最需要考虑的。人可以在没有食物的情况下生存好几天，而基本不会产生什么不良后果。然而，如果生存环境恶劣，或在野外迷失，那么获取食物，补充营养，就是必需的。在野外环境中，野生植物无疑是一项重要的食物来源，而你拥有的相关知识和经验越多，就意味着你的食物来源越丰富，你能生存下去的希望就越大。

鲁滨逊的发现与收获

  鲁滨逊在流落荒岛十个多月后，意识到获救的可能性几乎为零，只能做长久生活的打算。因此他除了安排好住所以外，还想进一步了解这座小岛，看看岛上还有什么尚未发现的物产可供利用。

  这一天，鲁滨逊开始对小岛进行详细的勘察。他沿着一条小溪向前行走，没多久就看见一片可爱的草地。后来，他发现了许多很大的芦荟，只是当时不知道它的用途。他还看到了一些甘蔗，可因为是野生的，未经人工栽培，所以并不太好吃。鲁滨逊觉得他这次发现的东西实在不少，在回家的路上，他一直寻思着该如何利用这些新发现，可是最终毫无头绪，怪都怪他在巴西时不曾注意观察野生植物，所以如今陷入困境也就无法加以利用了。

  第二天，他再一次沿着原路走了一趟，这次走得更远，已经到了小溪和草地的尽头。在那儿，树木茂盛，还有很多水果。地上有各种瓜类，树上还有葡萄。葡萄长得很繁茂，一串串的又红又大，爬满了树枝。这意外的发现使他非常高兴。但经验警告他不能贪吃。他还记得，在伯尔伯里上岸时，几个在那儿当奴隶的英国人因葡萄吃得太多，害痢疾和热病死了。不过，鲁滨逊还是想出了一个很好的方法利用这些葡萄，那就是把它们放在太阳下晒干，制成葡萄干收藏起来。他相信葡萄干是很好吃的，尤其是在不是葡萄成熟的季节，也可以吃葡萄干，既富营养又好吃。

  那晚，鲁滨逊没有回家，就留在了那里。第二天早上，他又继续他的考察。在山谷里，他大约朝北走了四英里，南面和北面都是逶迤不绝的山脉。

最后，他来到一片开阔地，地势向西倾斜。一湾清溪从山上流下来，向正东流去。眼前一片清新翠绿，欣欣向荣；周围景色犹如一个人工花园。

鲁滨逊沿着这个风景秀丽的山坡往下走了一段路，心里暗自高兴。他环顾四周，心里不禁想，这一切现在都是他的，他是这地方无可争辩的君王，他对这儿拥有所有权，如果可以转让的话，他可以把这块地方传给子孙后代，像英国采邑的领主那样。在那里，鲁滨逊又发现了许多椰子树、橘子树、柠檬树和橙子树，不过都是野生的，很少结果子，至少当时是没结。不过他采集的酸橙不仅好吃，而且极富营养。后来，他把酸橙的汁掺上水，吃起来又滋养，又清凉，又提神。

吃完好吃的酸橙，鲁滨逊就想着该采集一些水果运回家了。他采集了葡萄、酸橙和柠檬，准备贮藏起来好在雨季享用。因为他知道，雨季即将来临。

他采集了许多葡萄堆在一个地方，在另一个地方又堆了一小堆，又采集了一大堆酸橙和柠檬放在另一个地方。然后，他每种都带了一些走上了回家的路。他决定下次回来时，带个袋子或其他什么可装水果的东西，把采集下来的水果运回家。

路上花了三天才到家。所谓的家，就是他的帐篷和山洞。

可是还没到家，葡萄就都烂掉了。那些葡萄长得太饱满，水分很多，在路上一经挤压，就都破碎流水了，因此根本吃不成，只有少数破碎不太厉害的，尚勉强可吃。至于酸橙倒完好无损，可他不可能带得很多。

第二天，鲁滨逊带着事先做好的两只小袋子回去装运他的收获物。但是，当他来到葡萄堆前面时，原来饱满完好的葡萄，现在都东一片、西一片被拖散开，有的被践踏得破碎不堪，有的则被吃掉了。眼前的情景一片狼藉。这使他大吃一惊。他想，这附近一定有野兽出没，但至于什么野兽，他就不知道了。

现在鲁滨逊才意识到，把葡萄采集下来堆在一起不是办法，用袋装运回去，也不是办法；堆集起来会被野兽吃掉，装运回去会压碎。于是，他想出了另一个办法。他采集了许多葡萄，把它们挂在树枝上；这些树枝当然能伸出树荫晒得到太阳，让太阳把葡萄晒干。然后他再用袋子尽量多带些柠檬和酸橙回去。

……

鲁滨逊在荒岛上待了10个月之后，对荒岛的环境和物产做了进一步的勘察。这次勘察使他收获颇丰，他发现的不少野生植物都成为他日后重要的饮食来源。例如，他把葡萄采集下来，挂在树枝上晒成葡萄干，葡萄干可以长期食用并富含营养；他把酸橙的汁掺上水，这样吃起来又滋养，又清凉，又提神，成为他日后的一种饮料。此外，在以后的日子里，鲁滨逊还用野甘蔗制造了甘蔗酒，这也是他长期饮用的一种饮料之一。当然，美中也有不足，由于鲁滨逊所认识的野生植物不多，因此可以利用的也就不多。相信如果这次勘察他识得更多的植物，那他将会获得更多的食物来源。

实际上，在野外环境中，野生植物是一种重要的食物来源。如果你想充分利用这项自然资源，就需要掌握相关的知识和经验，重点是学会辨别、采集和烹制野生植物。

技巧 22　大自然的馈赠

无论你身处城市还是乡村，或是郊野，都可以见到大量的野生植物。你首先要认识周围最常见的野生植物，了解它们的可食用部位，以及如何烹制。

⊙ 可食用块茎

野生植物的块茎，通常长在土下，含有丰富的淀粉，食用之前应进行烘烤或煮沸。具有可食块茎的植物包括宽叶慈姑、树荚、山药、甘薯和猫尾莎荠等等。

⊙ 可食用根茎

根茎也含有丰富的淀粉。具有可食用根茎的野生植物包括水生车前草、欧洲蕨、驯鹿苔、野生马蹄莲、石牛肚、香蒲、菊苣、山葵、当归和睡莲等。要注意有些球形的根茎是有毒的，如枯死的卡马夏，但有些是可以食用的，如野生百合花、野生郁金香，野生洋葱等。

⊙ 可食用嫩芽

大多数嫩芽可以吃，最好是煮熟食用。嫩芽可食用的植物的生长方式与芦笋差不多。可食用的嫩芽包括马齿苋、竹笋、驯鹿苔、鱼尾葵、四棱豆、藤杖、香蒲、西米棕榈、石牛肚、番木瓜、甘蔗等。

⊙ 可食用叶子

几乎所有无毒植物的嫩叶都可以食用。叶子可食用的植物，可能是野外生存最主要的食物来源，包括蒲公英、柳兰、酸模和荨麻等。有一些植物，除了叶子可以食用之外，其茎干中间的髓液也可以食用，例如鱼尾葵、椰子、藤杖和甘蔗。可食用的开花植物有野玫瑰、番木瓜、苦西瓜、香蕉、山葵和丝瓜瓤等。类似于黄色粉尘的花粉富含营养。

⊙ 可食用果实

植物果实是野外生存食物来源中最有价值和最容易找到的。可食用的果实多种多样，主要分为甜味类的果实和不含甜味（蔬菜型）的果实两种。甜味类果实包括山楂、野生草莓、野生樱桃等，无甜味的果实包括面包树果、山葵和野生刺山果等。

⊙ 可食用种子

所有谷类植物和其他禾本科植物的谷粒都含有丰富的植物蛋白质。将谷粒碾碎以后，可以和水混在一起，煮成粥食用。含有可食用的种子和谷粒的植物包括苋类植物、水稻、大麦、荷花等。

多数植物的叶子都可以食用。

⊙ 可食用坚果

坚果是野外生存所需营养的绝好来源，它可以提供大量的蛋白质和脂肪。一个人只需吃下一小把坚果，就可以快速地增加体内的能量。大多数坚果都可以吃，但有一部分需煮熟后才可以食用，比如橡树果。食用橡树果时，要用水煮几次，每次都将水换掉，这样可以去除其苦涩味道。结有可食用坚果的植物包括杏树、菱角、橡树、松树、栗子树、腰果树和胡桃树等等。

【技巧要点】

认识野生植物的可食部位。
了解可食部位的烹制方法。

技巧23 小心"毒蘑菇"

有些植物非常好吃，有些植物非常难吃，最可怕的是那些有毒植物，也许只吃几口就会要你的命。

⊙ 识别有毒植物的原则

在野外生存环境中，要能识别大多数常见的有毒植物，并且避免食用它们。以下是识别危险植物的一些基本原则：

不要吃长有白色或黄色浆果的任何植物，长有红色浆果的也要避免，除非你能确定它是无害

有毒的茄属植物

的，比如野草莓。那么，什么是浆果呢？浆果是柔软多汁的肉质果。浆果类果树种类很多，如葡萄、猕猴桃、草莓、树莓、醋栗、越橘、果桑、无花果、石榴、杨桃、人心果、番木瓜、番石榴、蒲桃、西番莲等等。

当你触摸某种植物，如果它使你的皮肤发痒，这种植物千万别吃，有的植物带有细小的带刺绒毛，这也不能吃。有些植物，当你把它的树叶捣碎后，会发出杏仁的味道，千万别吃，这里面很可能包含致命的毒素。一些植物已经死去甚至腐烂，或者出现有寄生虫寄居的迹象，你肯定不能视它们为食物。永远不要吃植物的球茎。不要因为看到动物食用了某些植物，就理所当然地认为它们是绝对安全的。动物能吃的某些东西，也许你吃了就会大病一场。此外，你还应尽量避免真菌类。能食用的蘑菇很多，但同时也有很多能致命的。如果你不能彻底区分它们的差异，最好还是敬而远之。

总体来说，有毒植物会有一些警示性的迹象，比如浆果的颜色特别鲜艳，茎干上长满毛且看起来就不能食用。当然，不是所有的有毒植物都有这些明显的迹

象，因此，在野外要取食野生植物时，都要特别小心谨慎。除非你确定它无毒无害，否则能不食用就不食用。

⊙ **能要人命的有毒植物**

毒芹是最常见、最致命的有毒植物。我国毒芹分布在东北、西北、华北地区的沼泽地水边或沟边。叶像芹菜叶，夏天开折花，全棵有恶臭。全棵有毒，根茎的毒性最大，吃后恶心、呕吐、手脚发冷、四肢麻痹，严重的可造成死亡。主要有毒成分为毒芹碱、甲基毒芹碱和毒芹毒素。毒芹碱的作用类似箭毒，能麻痹运动神经，抑制延髓中枢。人中毒量为30~60毫克，致死量为120~150毫克。

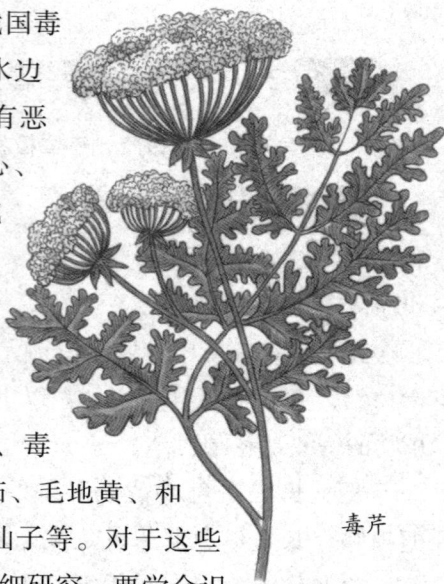

毒芹

其他具有高毒性的植物还有：毒参、毒霉、毒漆树、枯死的卡马夏、曼陀罗、颠茄、毛地黄、和尚袍、野扁豆、野豌豆、疯草、燕草、天仙子等。对于这些植物，务必对照权威的野外生存指南加以仔细研究，要学会识别。同时要牢记食用野生植物的第一要则，在不能识别和确定是否安全之前，绝不能尝试食用任何东西。

【技巧要点】

越鲜艳的植物越危险。
不能确定安全就绝不食用。

技巧 24 采集需得法

以下将要介绍的这些原则和技巧，会帮助你容易、安全、科学地获取植物食物。

⊙ 避开遭受污染的地方采集

植物都在其周围环境中获取养分，因此如果它周围的土壤或水源受到污染，那么附近的植物也会含有这些化学毒素。如果你怀疑土壤或水源中含有污染物，就避开此地采集。

⊙ 尽量采集新长出的植物

植物新长出的嫩芽是最值得采集的食物。春天或夏初有许多新芽、嫩叶和枝条。而在气候干旱的地区，一场夏季的暴雨会让新芽迅速发出。

⊙ 收集浆果和坚果

可食用的浆果和坚果，一般从盛夏到深秋都可以获得，有些果实和坚果甚至在整个冬季都可获得。

⊙ 收集植物的种子

如果种子量不大，可以用手采集，然后放置在容器或衣兜里；如果种子量大，可以将种子所在的树枝折下来，在坚硬平坦的地面上敲打，然后吹去种子糠壳。接下来，你可以用两块石头将种子碾磨成面粉作为食物。

【技巧要点】

避开可能被污染的植物；就地取材制造采集工具。

技巧25　美味来自加工

生吃野生植物是一种简单快速的进食方式。但如果你身边有火，最好烹制以后再吃，这样不但味道鲜美，而且也更容易消化吸收。

⊙ 烘烤

烘烤是除生吃以外，最为简单和最富营养的烹饪手段。这种方法首先必须使用大火，将植物的根、种子或坚果放在火上或火堆旁边烘烤，就能使其香味扑鼻，还可以磨出粗粉或面粉。

⊙ 煮熟

所有的野生植物，都可以部分煮熟。对于叶子、茎和根，煮熟是最好的食用方法。有些可食用植物，如橡树上的橡子有强烈的难闻气味，将其煮熟，其间换水两次，可大大降低刺激性气味，使食物变得更加可口。煮沸的时间尽可能短，以尽量减少食物营养的流失。

⊙ 晒干和熏制

晒干是一种保存野生食物的好方法。坚果、种子和根可完整晒干以后备用。如果要晒的食物过大，可先切碎再晒。具体方法是：选择能良好暴露在阳光下的位置，把要晾晒的食物放在平坦的地面上，也可以像鲁滨逊晒葡萄那样，挂在树枝或临时搭的架子上，直至晒干。你还可以将食物放在烟上面熏制，这也是保存食物的好方法。

【技巧要点】

根据食物的种类选择恰当的烹制方式；尽量充分利用身边的自然资源。

第五章　试着做个猎人

在野外，仅有植物类食物是不够的，为使食物种类更全面，应该设法从生存区域内的动物身上获取食物。动物是提供蛋白质和脂肪的良好来源，兽皮、骨骼和肌腱等部位还能用来制作衣服或工具。因此，打猎便成为野外生存获取食物的一种重要手段。通过捕获并煮食动物，可以快速直接地获取较多的能量。你需要熟悉的，是栖息于你所在地区的动物种类，以及它们的足迹、生活习惯和睡眠的地方。

鲁滨逊猎杀和驯养山羊

　　在荒岛上生活的鲁滨逊，每天都要带枪出门一次。这样做可以达到三个目的：一来可以散散心；二来可以猎获点什么东西吃；三来也可以了解一下岛上的物产。第一次外出，他便发现岛上有不少山羊，这结果十分令人满意，可于他来说并非是件大好事。因为这些山羊胆小而又狡猾，并且跑得飞快，实在很难靠近它们。但鲁滨逊并不灰心，自信总有办法打到一只的。不久他真的打死了一只。那么，他是如何做到的呢？原来，他发现了山羊经常出没之地，就采用打埋伏的办法来获取猎物。他注意到，如果他在山谷里，哪怕山羊在山岩上，它们也准会惊恐地逃窜；但若山羊在山谷里吃草，而他站在山岩上，它们就不会注意到他。这是因为山羊眼睛生的部位使它们只能向下看，而不容易看到上面的东西。因此，鲁滨逊就先爬到山上，从上面打下去，这样往往很容易打中。

　　鲁滨逊第一次开枪，打死了一只正在哺小羊的母羊，这使他心里非常难过。母羊倒下后，小羊呆呆地站在妈妈身旁；当他背起母羊往回走时，那小羊也跟着他一直走到围墙外面。于是他放下母羊，抱起小羊，进入木栅，一心想把它驯养大。可是小山羊就是不肯吃东西，没有办法，他只好把它也杀了吃了。这两只一大一小的山羊肉，供他吃了好长一段时间，因为他吃得很省，为了尽量节省粮食，尤其是面包。

　　就这样，鲁滨逊捕获的山羊越来越多。但是小山羊被猎捕回来好久都不肯吃东西。后来，他给它们吃一些谷粒，因为味道甜美，它们很喜欢吃，就慢慢驯顺起来。现在他知道，如果弹药用尽之后还想吃山羊肉，唯一的办法就是驯养一些山羊。

鲁滨逊首先想到的是，必须把驯养的山羊与野山羊隔离开来。否则，驯养的小山羊一长大就会跑掉，又变成野山羊。而要把驯养的山羊与野山羊隔离，唯一的办法是找一块空地，用坚固的篱笆或木栅栏圈起来。这样，里面的驯羊出不来，外面的野羊进不去。

鲁滨逊孤身一人，要圈地修筑篱笆无疑是一项巨大的工程，可这样做又是绝对必要的。所以，他首先得找到一块合适的地方，那儿既要有青草供山羊吃，又要有水供它们喝，并且还要有荫凉的地方供它们歇息。通过寻找，他找到了一大片平坦的草原，也就是西部殖民者所说的热带或亚热带那种树木稀疏的草原。草原上有两三条小溪，水流清澈，小溪尽头有不少树木。于是，鲁滨逊开始动手修筑篱笆。但直到完成了大约五百码时，他才想到因为圈地规模过大，山羊在这么宽广的范围内，一定会到处乱跑，就像没有围起来一样。如果要捕捉它们，根本无法抓到。于是他立即停工，并决定先圈一块长约一百五十码，宽约一百码的地方。这个面积，在相当一段时期内，足以容纳他能驯养的山羊；等以后羊群增加了，他可以进一步扩大圈地。

这个办法较为审慎可行，他就鼓起勇气重新动手干起来。

这第一块圈地用了差不多三个月的时间才完成。在此期间，鲁滨逊一直把三只小羊拴在最好的地方，并让它们在附近吃草，与它们混熟。他还经常用大麦穗子和一把把大米喂它们，让它们在手里吃。这样，当他把篱笆修筑完成之后，即使把它们放开，它们也会回来跟着他转，咩咩叫着向他讨吃的！

鲁滨逊的目的总算实现了，不到一年半，他已连大带小有了十二只山羊。又过了两年，除了被他宰杀吃掉的几只不算，他已有了四十三只。这以后，他又圈了五六块地方养羊。在这些圈地上，都做了窄小的围栏；他要捉羊时，就把羊赶进去。同时，在各圈地之间，又做了一些门使之彼此相通。这还不算，他不仅随时有羊肉吃，还有羊奶喝。这在当初他根本想也没有想到。所以他忽然想到可以喝羊奶时，真是喜出望外。现在，他有了自己的挤奶房，有时每天可产一两加仑的羊奶。鲁滨逊从没有挤过牛奶，更没有挤过羊奶，也没有见过人家做奶油或乳酪。可是，经过多次的试验和失败，他终于做出了奶油和乳酪，而且做得方便利索。可见大自然不但使每个生灵都得到食物，而且还自然而然地教会他们如何充分地利用各种食物。

　　在短短几年的时间里，鲁滨逊不仅建造了大羊圈，驯养了几十只山羊，令自己有源源不断的肉吃，并且还获得了羊奶，以及各种奶制品，如奶油、乳酪等，这使他的饮食更加多样，营养也更加丰富。对于一个生活在荒岛上的人来说，这不能不说是一件十分享受的事情。实际上，如果我们要长期在野外生活，学习如何捕猎是很有必要的，它能让你用一切手段弄到肉吃，调剂你单调的菜谱。

技巧 26 端着猎枪潜伏好

在野外，有时为了生存，不得不猎杀动物。如何才能打到猎物呢？这个问题很难回答。知识和经验在此很重要。

首先，你要具备一定的有关动物生活习性、特征方面的知识。在决定开始捕猎前，花些时间来观察与你共同分享这块栖息地的动物，对各种出没的野生动物种类有个大略了解。

再次，你需要安静和耐心地等待。因为，在猎杀动物的时候必须要注意保持安静；慢慢移动，时不时停下来，时刻保持警觉。注意风向，接近野生动物时要从下风口，至少不能是上风口。尽可能在逆风或是侧风时进行猎杀。

最后，保持"单向透明"和必要的伪装在打猎时也很有效。你需要尽可能利用地形进行掩护，提前做好一切准备。在打猎时，穿着颜色鲜艳的衣物是大忌，建议在备用衣物中准备一套迷彩服，脸部涂上些泥土或蒙上生存丝巾，这都能让你融入环境。然后，从草木的缝隙中观察猎物，确保它在你的视线范围内。若你行事不慎被猎物觉察，则必须屏息并保持不动。猎物很可能是第一次看到人，它的好奇心比恐惧感更甚，这时，最好装出"无辜路过"状骗取它的信任，直到它继续进食或离开。

打猎最重要的是在一定的射程之内，这样可以拥有足够的精确度，但这需要猎物的配合。射击运动中的猎物尤其不易。射击力度要足够大，但又不能过大，你要考虑在毛皮上留下的孔越小越好。

【技巧要点】

在猎物侧面射击是最好的办法，击穿猎物的喉咙效果最好。猎杀动物时，要注意保持"单向透明"和必要的伪装。

技巧27　心急追不上猎物

追踪、潜伏、射击猎物虽然听起来令人热血沸腾，但实际情况并没有大家想象的那么浪漫。这个过程往往需要你付出极大的耐心！

追踪野生动物需要你投入全部的意识和注意力。首先，你需要确定动物存在的迹象。最佳迹象便是动物留在泥土、灰尘或是软地上的足印。野生动物都非常敏感，你在追踪的过程中必须尽可能保持安静，不要说话，轻缓的移动才能接近它们。此外，利用草木的掩护，压低身体蹲行和贴地爬行，也能帮助你接近猎物。但人为产生的声响还是会惊动猎物，短促而突然的移动会将它们吓跑。这时，需要利用风吹草木的声响掩护你的行动，在静风时缓慢柔和地行动。

追踪动物并不容易——动物的感官远比我们来得更敏锐。若你已经击伤猎物的后腿，就得准备追逐很长一段距离，等候5—10分钟后再顺着血迹追踪。通常，猎物奔逃一段距离后会停下休息，这时，你就可以重新开始跟踪，但此时更要小心，因为受伤的猎物更敏感！太心急的追踪会让动物奔逃很远，你或许得花上一天时间在它身后东奔西走。

追踪野生动物时，通常联合狩猎的成功率会更高，因为饱和攻击会让猎物避无可避。但联合狩猎要求更高的协调性，此时地形和联合狩猎人员各自的站位很重要。完美的包围圈能让猎物逃无可逃。要尽量利用山谷等死胡同地形。若是在山地狩猎，埋伏一些人在山坡上，其余人从山坡下慢慢包围猎物，将猎物往山上赶，以消耗其体力。将猎物包围在崎岖之地，会让它很快耗尽体力，但你也要小心自己受伤。你的目的是尽量靠近动物，以便能用狩猎武器对其进行捕杀。

【技巧要点】

追踪的过程中尽可能保持安静；对于受伤的猎物，不要太心急去追逐。

技巧28 "脚印"会说话

一根断裂的树枝以及一串小小的足印将为你提供你所需要的信息：你的猎物刚刚从这里走过。学会搜寻动物的脚印，能让你更容易找到猎物。

当你已经发现了一些动物足迹，你需要判断出这到底是何种动物以及它的去向，这并不容易。特别是这些足迹会随着时间流逝而磨损。一般的规律是，清晰的足迹才是最近留下的，而陈旧的足迹，其边缘部分变得易碎，足印里填满了树枝、树叶以及泥土。无论何时，当你试图分辨一个足印时，请留意以下特征：

① 肉垫或脚趾的数量，以及指甲或爪子的数量——但要记住，有些动物在行走时并不使用它们的指甲或爪子，行进中的动物常常会留下对角线般的足迹。

② 足印的长度，以及足印与足印之间的距离——脚步之间的间隔越大，动物的体型越大。较小的动物足迹，更趋向于紧密而集中。

③ 留在地面上的足印形态类型——当动物奔跑时，脚印间的距离会加大。

如果你能准确识别动物的足印，伏击会是个很好的打猎办法。野外常常有自然形成的"高速公路"，这是动物踩出的天然道路。动物的活动是有规律性的，除非察觉到了危险，否则它们几乎每天都会通过"高速公路"外出觅食和返回，猪类、鹿类尤其如此。

要记得避开大型猛兽，例如熊、豹和虎，先不说违法的问题，猎杀它们本身就非常危险！

【技巧要点】

动用视觉、听觉和嗅觉等多种感官观察树丛、植物的叶子上是否有折断、踩踏、乱擦或啃噬过的痕迹。

用手指尖稍稍勾勒清楚动物足迹的外形，这将使你脑海中的轮廓更为清晰。

技巧29 制作万能武器——矛

> 矛，是历史上古老的武器，是古代军队中大量装备且使用时间最长的冷兵器之一。拥有一把矛，再加上猛力地投掷——你可以杀死从鱼到鹿的一切动物。

矛是一种万能武器，作为狩猎武器，它非常有效，甚至比弓箭更实用。在你对付猛兽和狩猎大型猎物时，矛将是你手头最有威力的武器。在没有树木给你搭建庇护所时，矛就是你的房架子。爬山时，作为登山杖，它也很称职。在涉水和穿越沼泽时，它又是很好的探路棍。

矛主要有两种基本的类型——一种是刺矛，另一种是飞矛，两者之间的主要区别是长度。刺矛长1.8米左右，非常不好携带，而飞矛长度约0.9米。

制作一个简易的矛，要先按尺寸砍一根长而直的树枝，然后做一个尖锐的矛头。制作矛头最简单的方法，就是用刀子削尖树枝，然后在火上烘烤，使标头更加坚硬。而做一把飞矛，则要在树枝的尾端切开一个十字形的裂口，插入羽毛或树叶帮助它飞行。

投掷飞矛需要力量和技巧，这需要通过练习才能掌握。你的眼睛要始终盯着目标，把身体的力量都集中到这一掷中。此外，选择投掷飞矛时，使用掷矛器是增加威力和射程的有效办法。

【技巧要点】

不要绑上刀作为矛头，虽然刀能让矛杀伤力倍增，可是如果刀受到损坏，是非常严重的事故。

在飞矛的尾端装上羽毛，可以使它飞行更加准确。

技巧30　制作最有威力的武器——弓箭

弓箭是野外捕猎临时制作的最有威力的武器。当你看到一头鹿在空地上停了下来，瞧，现在就是你使用弓箭捕猎的好机会。

制作一个简单的弓箭非常容易，但一个射程远、威力大的弓就需要你花一些心思了。即便是一个简单的弓，也能为你的捕猎行动带来极大的成功。

弓的选材很讲究，柳树、松树、榆树、紫杉、桑树等都是很好的弓体材料，其中尤以紫杉木为最佳选择。选取没有分叉、结节以及木质细腻、强度足够的树枝，先将树枝截成合适长度，然后用刀把它削成一把弓的形状，确保弓的顶端和末端尺寸相同，而中间部分则应该稍稍粗大，这样，你可以很舒服地握住它。在这张弓的两端1.25厘米处，用刀子各切一道凹痕，固定弓弦。做弓弦的材料很多，如绳子、金属丝、动物的筋等等。制作好的弓要烤干才更耐用，平时不使用时，要放松弦以保持弓体的弹性。

任何直木都可以做箭，长度约60厘米、直径5厘米的直木都是很好的做箭材料。箭杆后端刻个凹槽，以放置弓弦。如果找不到合适的箭头材料，你只要用刀把一端削尖，用火烤硬。现在，你的弓箭已经可以使用了。

射箭是个技术活，练习时，先选择近距离的靶子，之后再逐渐增加距离。眼睛要盯着目标而不是箭，发射时要平稳地放开弓弦。

【技巧要点】

> 弓弦不能绷得太紧，否则在射箭时很难拉动。
>
> 弓弦两端要用绳子缠绕在凹槽上，而且要打结系几次以防脱落。

技巧 31　制作最有趣的武器——投石器

投石器是个简单而威力强大的工具。玩起来很有趣，并且，当你因饥饿而需要捕捉动物时，它也是一件非常重要的武器。

从史前时期开始，人类就会用兽皮制成投石器，来投掷小而光滑的石块了，这要比单纯用手臂投掷力量更大，距离更远。还记得《圣经》里大卫和歌利亚的故事吗？大卫只用投石器便杀死了强大的歌利亚。在好几个世纪里，投石器在作战阵容中都曾经起过重要的作用。

要制作一个投石器，你需要一段绳索，或者是一根又厚又粗的皮带，大约1.3米长。你还需要一块更宽些的袋状物，把它穿在皮带上，并将其滑至中间位置。这实际上就是让你做一把弹弓。投掷时，找一块光滑的石块放在袋状物内。然后用一只手握住皮带的两端，开始旋转投石器，一圈接一圈地在你头顶上转动，确保石块牢牢地待在袋状物内。双眼紧紧地盯着目标，当投石器呼呼作响，越转越快时，看准投石器朝向了目标，松开皮带的一端，石块就会高速飞出。

使用投石器需要反复练习方能掌握操作技巧，所以在你充分掌握这一技巧前，请确保四周没有人，以免引起误伤。

【技巧要点】

皮带或绳索必须非常坚固，而且不能有裂纹。

要确定将袋状物调整至皮带的中央位置，否则，它的准确度会大打折扣。

技巧32 制作传说中的"流星锤"

流星锤是历史上最古老的狩猎武器之一，流星锤拴着一条绳，耍开好像一条龙，舞到急处，如疾风骤雨，不能稍停，故有"如插翅飞虎，似过海蛟龙"的说法。因此，用流星锤对付奔跑的野兽，甚至空中的飞鸟都很有效。

流星锤是一种具有致命危险的武器，所以一定要在有其他成人监督的情况下使用。制作流星锤的方法是：用布料包好石子（巴掌大的光滑石块）；将石头布包系绑在多根长约90厘米的绳子一端，将多根绳子的另一端绑在一起。如果你手头没有材料可以制作小布袋，也可以直接把石块绑在绳子上，注意多捆绑几次，以确保牢固。

现在你的流星锤完工了。使用时，手要紧握住系绑在一起的绳子的一端，高举在头顶上旋转，待达到一定的速度之后对准目标松手发射流星锤。

流星锤在空中飞向猎物时会完全展开，如果它命中了猎物，要么将猎物打死，要么将它打晕，而上面的绳索也会缠住动物的四肢，将其绊倒。

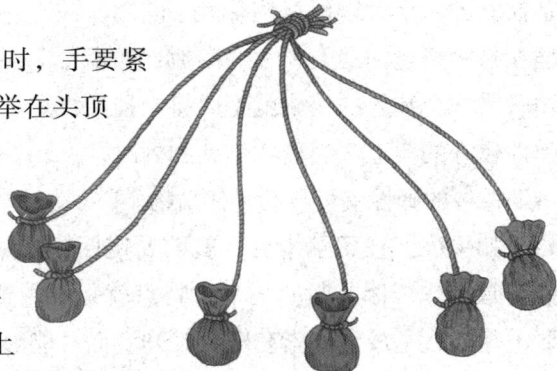

【技巧要点】

用流星锤对付跑动中的动物非常有效，因为其系绑石块的绳子可以缠绕住动物腿部。

技巧 33 制作一个简易索套

> 没有弓或矛？你完全可以只带一个电线圈和绳套去捕猎。耐心等待，享受捕猎的乐趣吧！

设索套其实就是在动物必经之路设置一个线圈或绳套，以便套住动物的头部。动物经过时，索套会勒紧，从而就可以套住或是杀死动物。

索套的制作方法很简单，用电线或是铁丝做一个可以任意调整大小的圈，挂在猎物经过的路上，大约离地10厘米左右。这个装置的秘诀就是要将圈挂在弹性较好的树上。当猎物钻到圈内时，借助树枝的弹性就可自动套住猎物。

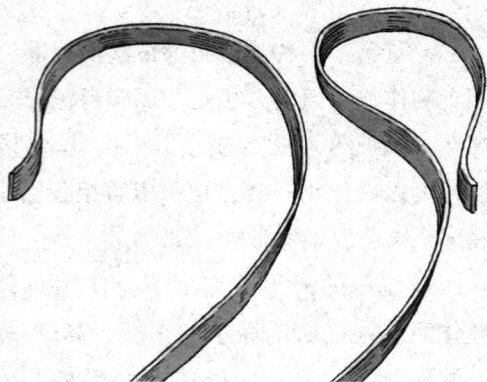

绷紧的弹力圈套

如果已经设置了索套，就需要定期检查是否有被套住的动物，并且确保索套能正常工作。因为索套的最大特点就是不用整天守在边上，也可以捕获猎物。需要记住的就是放置的索套圈要张开，而且能够随时锁紧，这样才能套住动物。

使用索套的重要技术是：应该将索套放在动物巢穴的入口附近或动物脚印密集处，或者动物经常走过的小路上。

【技巧要点】

索套与地面要保持适当的距离。

不踩踏动物脚印——动物闻到人的气味之后会避开陷阱。

电线做成的索套由于具有硬度，更加容易安置。

技巧34 落木陷阱——虽残忍但实用

落木陷阱设置非常简单，所用材料也不多，但使用效果却非常理想，残
忍的落木陷阱会帮你捕获猎物，一旦猎物落入圈套，生存概率几乎为零！

落木陷阱的原理很简单：动物取食诱饵的时候，木头重物落下并砸死猎物。

设置一个落木陷阱，根据你的设想，可以很简单，也可以很复杂。所有最简单的落木陷阱，都要在地面上摆放食物诱饵，再把一根沉重的圆木或大石块绑在一根长长的绳子上，然后将绳子抛过头顶的树枝，拉动绳索，将圆木或石块吊在诱饵处的上方。这时，你应该稍稍远离这个陷阱，隐蔽起来注意观察，手里必须紧紧握住绳索的末端，当有动物爬到诱饵处时你就把绳子松开。

这样的陷阱意味着你必须坐在那里苦等猎物，而无法抽身做别的事。这时，你可以制作一个能让自己离开的落木陷阱。首先制作"支柱"和"触发机构"，然后把圆木放在支柱上。动物碰到"触发机构""支柱"等绊倒物时，就会引发圆木砸落。记住在你制作落木陷阱时，千万不要站在陷阱下方，否则很可能你会成为第一个受害者。

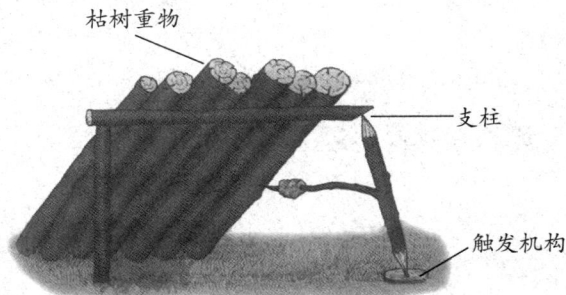

枯树重物

支柱

触发机构

【技巧要点】

落木陷阱可以只用一根圆木，而为了增加杀伤机会，也可以用多根树木。

触发机构是落木陷阱最关键的部分，要求既容易被触碰到，又不能轻易被风吹倒。

技巧35 长矛陷阱——对付大块头猎物

陷阱可用来捕捉小型猎物，但有时对较大猎物也很有效，如长矛陷阱就可以帮你轻松捕捉狐狸、狼甚至是鹿。

长矛陷阱的原理是，将一根弹性较好的木杆用绊索绑好拉紧，长矛牢固地捆扎在弹性木杆上，释放的时候，长矛可以有力地击中目标。这种陷阱制作起来快捷简单，所需材料无非是一段绳索和一根木杆。

如果猎物活动区域还有合适的树木来做长矛，你还可选择一根有枝杈的粗树枝，然后将其直插入地里，使其枝杈距地面约90厘米。这根枝杈的树枝起一个支点的作用。然后选取一根木杆架在支点上起杠杆作用。木杆一端伸到猎物活动踪迹范围内，另一端绑一些重物（石头或木块等），好给触发机关一个撬力，击中目标。

利用长矛陷阱，轻松对付较大的猎物。

【技巧要点】

长矛陷阱能置人于死地，切记一定要从后面靠近。
陷阱设置在猎物经常活动的区域内。

技巧36　回到童年，做弹弓

中国古代有一种"射"的工具——弹弓。传说，泰山诸神爱好狩猎，其猎必用弹弓。现代大多数男孩子也都有过使用弹弓的经验。因此，用弹弓捕鸟是最本能的捕猎手段。

弹弓其原理与弓箭的原理相同，都是利用弹射力来进行发射，只是弹弓用的是弹丸，而弓箭用的是箭。与弓箭比起来，弹弓更轻便易携带，使用起来也比较方便，准确度也更容易掌握，且近距离的杀伤力也不弱。小体型的鸟通常可用弹弓击杀。要想在野外求生中使用弹弓，最难的是找到合适的材料来制作它。

弹弓的基本结构是一个Y形的木头。首先你要寻找一根"Y"字状树枝，可以是樱花或山茶的树枝，注意顶端的分叉必须向下面的手柄均匀分布、确保手柄足够长（其长度应该比你的手掌略长出一到两英寸），足够粗，这样握起来很舒服。在树枝两端削出一个可以固定橡皮筋的槽，将橡皮筋套在槽中，打结拉紧。用一块软皮子做发射子弹时放子弹的发射器，在皮子左右两边穿上橡皮筋打结。

打弹弓时，可用小石子作为子弹，将小石子夹在发射部分的皮子上，瞄准目标，握有弹弓的手绝对不能动，子弹要拉到脸颊处再放开拉橡皮筋的手。这样就能打到小鸟或是别的小动物啦！

【技巧要点】

橡皮筋以伸直手臂后能拉到脸颊的长度为最佳。

要想准确射击，在弹弓拉开后保持不动，然后用Y形分叉的最顶端作为瞄准器。

技巧37 捕鸟装置有很多

任何鸟类都可以是火堆上的美味。制作一个简单的捕鸟装置，就可以帮你捕获猎物，这比你拿着猎枪在丛林中到处搜寻猎物更能节省体力，效率更高，而你只需要定时查看就可以了。

下面介绍几种捕鸟装置。虽然需要大量时间看守，但准确性很高。

⊙ 笊篱式装置

用于捕捉麻雀等小鸟。这是很传统的捕鸟方法。在地面上撒上鸟食，用细棒在上面支起一个笊篱或筐，也可用一个纸箱来代替。

笊篱式装置

⊙ 弹竹式装置

这是利用竹子的反弹力，直接把鸟打死的捕鸟方法。在设好装置的地方撒上鸟食，吸引鸟来觅食。每天都在同一地点撒食，重复几天，就会很容易捉到鸟。

【技巧要点】

草籽和捏碎的坚果都是很好的诱饵，若你带着大米就更好了。

弹竹式装置

第六章　捕鱼花样真不少

鱼和其他水生动物也是求生过程中值得考虑的食物来源。你可以制作捕鱼器，如鱼钩、鱼线、鱼叉，甚至用双手来捕鱼。具体采用哪种方法要根据你所处的环境和可利用的资源、技能而定。因此，对于野外求生者来说，学会制作捕鱼工具非常重要。

提着一篮子鱼回家

在岛上生活久了，鲁滨逊开始尝试钓鱼来吃，因为钓鱼的过程非常枯燥，常常让他感到不耐烦。一次，他去钓鱼，可钓到的鱼没一条能吃，因此厌倦了，当他正要离开时，一只小海豚上钩了。这让鲁滨逊尝到了钓鱼的乐趣。

开始时，鲁滨逊没有鱼具，只用绞绳的麻丝做了一根长长的钓鱼线，但即使这样，他还是常能钓到鱼。后来，他从扔在岸上的破船板中找来钉子做鱼钩，用棕榈纤维做成钓丝来钓鱼。白天，他都会带着自己的小狗到森林里去打猎，或者到海边去钓鱼。每次他都能满载而归，常常是小狗嘴里叼着野兔，他则提着一篮子鱼。因为钓的鱼太多，一时吃不完，他就把钓到的鱼都晒干了再吃。

从文中我们可以发现，鲁滨逊非常具有生存智慧，懂得用绞绳的麻丝做成钓鱼线来钓鱼，而且他还钓得到足够多的鱼，有时甚至都吃不完，只能将剩下的鱼晒干了留着日后吃。由此可见，学会捕鱼对野外求生者来说非常重要，它可以让你不费一枪一弹，不用冒着任何危险而获得大量营养又美味的食物。因此，下面将要提到的这些捕鱼方法以及制作各种捕鱼工具的方法，你一定要牢记！

技巧38 看准时机，叉条大鱼

清澈见底的静水处你看见好几条鱼在游荡，这时，如果你能游刃有余地使用鱼叉，又懂得叉鱼的时机，那么你大显身手的时候就到了！

世界各地的海洋、河流和湖泊中都有鱼类，鱼类也是相对较容易获取的食物来源，如果你想捕获较大的鱼，使用鱼叉是个很好的办法。在丛林和山地的小溪中，叉鱼是常见的活动。首先你需要一个鱼叉。鱼叉的制作方法很简单：

用长而直的树枝制作鱼叉柄，在火上烘烤变硬，使其更耐用。鱼叉头有单叉、双叉或是三叉等不同样式。双叉和三叉能更牢固地叉住鱼，效果更好。制作双叉的方法是将树枝的一端从中间劈开，在分叉的地方打入木楔后捆牢，最后将插头削尖。制作三叉的方法是在双叉的基础上再放置一根木棍，用绳子固定好，再将三个叉头削尖，每根叉的内侧削出向内的倒钩。

鱼叉捕鱼不仅需要耐心，还需要练习。你最好先将鱼叉放入水中仔细观察一下鱼叉在水中的折射角度，以便开始叉鱼时作适当修正。叉鱼时站在水中不要乱动，耐心等待鱼儿游到你身边，慢慢调整鱼叉，瞄准后尽力猛刺下去，通常情况下都会有收获。

【技巧要点】

作鱼叉柄的树枝用火烤一下能提高硬度。

从水面上叉鱼要考虑水的折射，应该瞄准鱼下面一些地方。

在鱼叉前绑上一块石头，能抵消木棍的浮力。

技巧39　自制鱼竿和鱼钩

　　鱼竿和鱼钩可以在野外生存的时候派上大用场，当饥饿感开始笼罩你时，钓鱼可能是帮你生存下去的最佳方法之一。

　　很多人觉得制作鱼竿和捆绑鱼钩很麻烦，但其实只要你掌握了方法则非常简单。首先，你需要一根木杆，这只要一根长点的树枝即可实现。尽量选择鲜艳一点的嫩树枝，除了强度足够外，它的柔韧性也很好。另外，竹子或柳条也是做鱼竿的好材料。鱼线要选用比较结实的线，如风筝线；灌木的刺或骨头可以作为鱼钩；纽扣或小石块可以用作坠子；鱼漂可以用枯树枝或是泡沫塑料。

　　钓鱼正是利用了鱼的习性，根据鱼生活的水深，调整鱼漂、坠子的高度，然后再放诱饵。早晨和傍晚气温下降，鱼儿胃口大开，咬钩的概率很高。中午有太阳直射时，鱼都躲在树荫或荷叶等阴凉处，那么你也要选好一个阴凉的地方。此外，好的鱼饵也能让你事半功倍，但在野外选择面并不宽，一般只能使用昆虫做诱饵，例如蝗虫、蟋蟀、蚯蚓等。小鱼也可以用作诱饵，蠕动挣扎的诱饵更能吸引鱼的注意。

　　鱼儿上钩时，不要着急猛甩鱼竿，将鱼甩上岸，这样往往会甩断鱼钩或鱼线。最好是猛顿一下，钩住鱼后，用鱼竿拖着鱼在水里转圈，以消耗它的体力，然后将鱼拖上岸。

　　只要你了解了鱼的习性和它们喜欢的食物，使用自制鱼竿和鱼钩也能收获丰富。

【技巧要点】

　　鱼竿的长度和鱼线的长度应大致相同。
　　鱼儿上钩时，不要着急猛甩鱼竿。

技巧40 编织渔网和鱼笼，鱼儿自动送上门

在你没时间钓鱼时，渔网或鱼笼也可以帮你弄到鱼，你只需要用点时间编织一张渔网或一个捕鱼的鱼笼。接下来，就等着鱼儿自己送上门吧！

捕捉水生动物时，网是极为有用的。因此，用绳索编织一张渔网来捕鱼是非常有效的。蚊帐也可制成一张渔网，然后，在渔网的底部绑上石头，使网接触到水底，也可以利用石头或岩石围成一个陷阱，将鱼饵往渔网内驱赶。当鱼儿游过渔网的时候，渔网可以卡住鱼的腮部，你捕鱼的目的就达到了。值得注意的是，这种方法在小河小溪中应用比较有效。

使用网类装置捕鱼的另外一种有效方法，就是制作捕鱼笼。你可以选用生长在湖边或溪边的柳树枝条或小树苗来制作。首先，将绳子系在柳条或树枝的一端，将其捆成把。再用柳条围成一大一小两个圈做成笼身，柔韧的树枝一端内弯，用火烤一下定型。然后将大圈固定在鱼笼的入口处，小圈固定在鱼笼靠近底部的位置，使鱼笼成锥形。接下来是制作锥形捕鱼笼的入口。你需要再做一个短的锥形笼，笼口大小与刚才的锥形笼相同，以便将两者固定在一起。两个锥形笼套在一起构成一个倒漏斗状，鱼一旦钻进去，就很难再游出来了！

在捕鱼时，放一些蚯蚓、剩饭等作为诱饵，将鱼笼的笼口面对水流方向放入水中，里面放些石头来固定位置，短时间内就可以捕获大量的鱼。正因如此，每隔几小时就需要检查鱼笼捕鱼的收获情况。

为增强捕鱼效果，无论是渔网还是鱼笼，你都可以在河流中设置一道由木棒或石头构成的栅栏，将鱼直接引入捕鱼装置。

【技巧要点】

为了不让鱼笼漂浮上来，需要在里面放一些石头使其下沉。

69

技巧 41　用流动鱼线——捕鱼不苦守

如果你身处河流或小溪旁边，又恰巧会用鱼线钓鱼，就不用担心在野外挨饿了。无须多长时间，你就可以享用美味的鱼儿啦！

钓鱼的确是一项有用的觅食手段，但同时，它又相当耗时，经常需要数小时来引诱鱼。而用流动鱼线就是捕鱼不苦守的一种好办法。你只要将系绑有几个带诱饵的长鱼线投入水中，过段时间再将鱼线拉起，通常都会有收获。如果你想捕捉到大量的鱼，一个好办法是，将大量鱼线整夜悬浮在河水中。要做到这一点，首先需要一根长绳子，然后把一些鱼线系在上面，每根鱼线上都配有鱼钩、坠子和诱饵。最好将这些鱼线做成不同长度，这样你就可以钓到不同水层的鱼。然后，找一处狭窄的水域，在两边的河岸上插上两根短树枝，用长绳拴在两根树枝之间，使绳子上的鱼线能悬浮在水中。

你可以把这些鱼线放上一整夜，第二天早上去查看是否有收获，但是鱼线放置的时间最好不要过长，以免你的猎物别其他动物偷走。用流动鱼线捕鱼，你可以离开，做些其他事情。你还可以根据你的需要放置很多鱼线，当然，一般只有两到三根鱼线会发挥主要作用。

【技巧要点】

> 每根鱼线上都要有某种钩子，上面悬挂一些诱饵。
> 在不同水深处放置多条鱼线，可以增加钓到不同种类鱼的机会。

技巧 42　空瓶子也是捕鱼"利器"

如果没有鱼线和渔网，只有个空塑料瓶的话，你要如何捕鱼呢？不要慌，其实很容易。

你只需要用你手中的空塑料瓶做个陷阱。首先，拧掉瓶盖，用刀把这个塑料瓶从瓶口处切掉三分之一，然后把切下来的瓶口反转过来，塞入剩下的瓶体内。

在瓶子里放一些水草，或是蚯蚓等诱饵，对鱼来说这会比一只空瓶子更有吸引力。等鱼游过瓶颈进入瓶体内吃食诱饵的时候，就会被困在那里，只等你去收获了。捉到鱼之后要小心，不要在河面上打开瓶子，否则捉到的鱼很有可能会溜掉。

用瓶子做陷阱，最大的问题是只能捕获到较小的鱼类。但即便如此，在野外生存的状态下，这也会是生与死的区别所在。

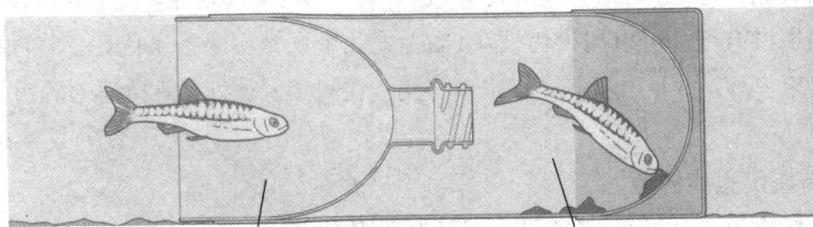

水里的鱼游入瓶子陷阱的开口，挤过狭窄的瓶颈。

现在它被困住了！你可以把它烹煮后吃掉。

【技巧要点】

用瓶子捕鱼时，切记要拧掉瓶盖。

为防止瓶子被水冲走，可以在瓶子上系一条绳子。

瓶子里面放一些诱饵，如蚯蚓、干鱿鱼等，再放上一块石头使瓶子能沉入水里。

技巧43 捕鱼的最后"绝招"

当你没有合适的钓鱼工具时，就需要用到以下方法了！

⊙ 徒手抓鱼

这种方法看似最简便，但难度不小，具体方法是：轻声下到河里，然后慢慢靠近躲在岩石、深水处等隐蔽地方的鱼，你不必非要看到鱼，手和手指沿着岩石边在水底缓缓移动，直到触碰到鱼。此时手的动作不要突然有变化，要蓄势待发，手轻轻沿鱼腹移动，直至手指弯曲并插入鱼鳃中。一旦成功，要迅速抬手将鱼拖上岸。

⊙ 用T恤做成网

用T恤和一根分叉的树枝就可以做渔网了。最好选用刚砍下来的树枝会比较结实。如果没有线，可以用尖树枝在T恤上扎几个洞，用藤条来代替。将做好的渔网放在河流下游，并从上游赶鱼，也可将网放在河流低洼处，等待滑落的鱼。

⊙ 没有鱼饵也能钓鱼

在实在没有诱饵的情况下，你可以利用身边的一些小玩意——如颜色鲜艳的羽毛、色彩艳丽的食品塑料袋等，鱼儿对色彩艳丽的东西会有好奇心。假鱼饵就是利用了鱼喜欢追赶活动物体的习性。将这些假诱饵裁剪好，绑在鱼钩上，可能会有收获。这个办法在冬季冰面上钓鱼特别有效。

【技巧要点】

> 了解鱼的生活习性，根据自己的条件选择钓鱼的绝招。

第七章　野外有厨房

俗话说：勤劳才会有饭吃。这句话套在野外生存中非常贴切。为了生存并且生存得更舒服，你要想尽办法将食物弄熟。实际上，野外将食物弄熟的方式与家里的厨房并没有多大的不同，依然是煮、蒸、炖、烤、煨。只不过，在野外需要你自己动手搭建炉灶、制作烹饪工具。但你仍然要相信，即使没有高级厨房，只要你愿意花些时间和工夫在吃上，那么你的饮食也可以如高级厨房做出的美味佳肴一般，令人垂涎三尺！

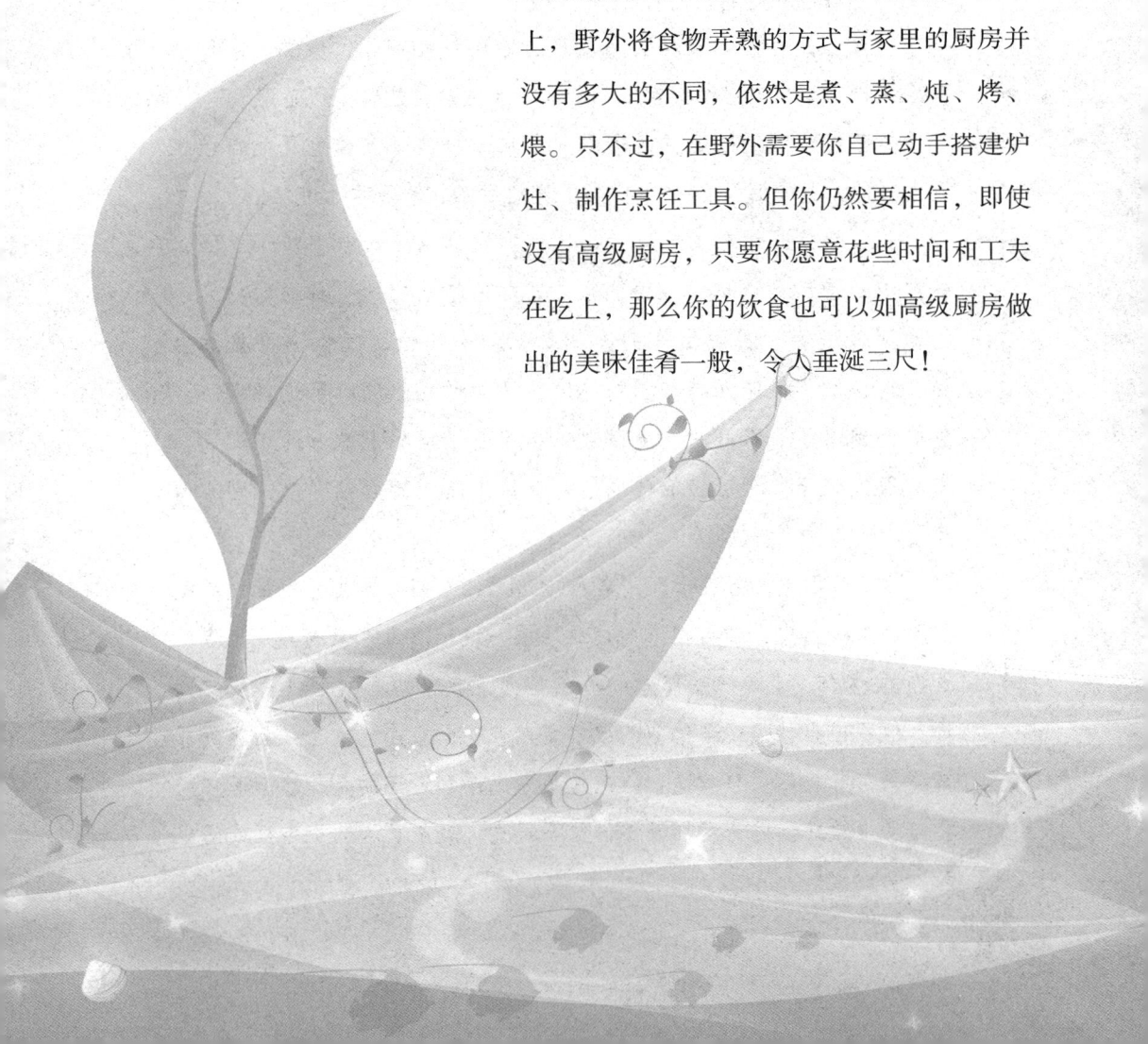

面包和羊肉都很香

　　鲁滨逊在岛上住了很长一段时间后，开始种庄稼。等丰收后，他就开始艰苦研究怎样做面包。首先，他没有发酵粉，这是绝对没有办法做出来的，所以他也就没去多费脑筋了。至于炉子的问题，颇费了一番周折后他还是想出了一个试验的办法：他先做了些很大的陶器，但不太深；这些陶器直径有两英尺，但深仅九英寸，像烧制陶器那样，把它们放在火里烧，完工后就成了大瓦盆，放置一边备用。

　　制面包时，他先用方砖砌成一个炉子；这些方砖也是他自己烧制出来的，只不过不怎么方整罢了。然后，在炉子里生起火。

　　当木柴烧成热炭或炽炭时，他就把它们取出来放在炉子上面，并把炉子盖满，让炉子烧得非常热。然后把所有的火种通通扫尽，把面团放进去，再用做好的大瓦盆把炉子扣住，瓦盆上再盖满火种。这样做不但能保持炉子的热度，还能增加热度。用这种方法，鲁滨逊制出了非常好的大麦面包，绝不亚于世界上最好的炉子制出来的面包。不久之后，他就成了一个技术高明的面包师傅，因为他还用大米制成了一些糕点和布丁。

　　除了做面包，鲁滨逊还用各种方法烹饪羊肉。首先，他把一头宰杀后的羊剥掉皮，然后把羊肉切成一块一块。因为本来就有一只专门煮肉的罐子，他就把一部分肉放到里面煮起来，做成了鲜美的羊肉汤。他不但自己吃，还给他的奴隶星期五吃。星期五吃了之后感到非常高兴，并表示很喜欢吃。但最使星期五感到奇怪的是，鲁滨逊在肉和肉汤里放盐。因为星期五觉得盐不好吃，就是不喜欢在肉里或汤里放盐。过了很长一段时间之后，他也只是放很少一点盐。

吃过煮羊肉和羊肉汤之后，鲁滨逊决定再请星期五吃烤羊肉。他按照英国的烤法，在火的两边各插一根有叉的木杆，上面再搭上一根横竿，然后用绳子把肉吊在横竿上，让它不断转动。

星期五对鲁滨逊这种烤肉方法十分惊异。但当他尝了烤羊肉的味道后，用各种方法告诉鲁滨逊他是多么爱吃这种味道。鲁滨逊当然不可能不了解他的意思。最后，星期五告诉他，他从此之后再也不吃人肉了。听到星期五讲这句话，鲁滨逊感到非常高兴。

鲁滨逊种植的粮食丰收之后，没有因为缺少烘烤工具而打消做面包的念头。他想尽办法最终还是做出了大麦面包和用面粉烘制成的粗糙的饼干。人们常说"为面包而工作"，其意思是"为生存而工作"。而现在，鲁滨逊可以说是真的为"面包"而工作了。为了自给自足，为了制成面包这样小小的不起眼的东西，我们可以想象，从播种粮食，到生产出粮食，再到晒、筛、制、烤等，这期间需要经过多少繁杂的过程，鲁滨逊的毅力实在令人惊叹。而他烹饪出的羊肉汤和烤羊肉，使得以吃人肉为生的星期五都赞不绝口，立刻爱上了那种味道，从此之后不再吃人肉了，可见其美味程度。相信鲁滨逊熟练而得法的烹饪技巧，一定使他的生活同以前相比幸福很多。从这里我们也可以看出，只要不怕麻烦，并掌握多种烹饪食物的方法，那么，一顿美味的饭菜绝对不在话下！

技巧44　搭建一个简易灶台

在野外用木头或树枝当柴火来做饭时，你需要一个"灶台"。灶台能最大限度地将火的热能聚拢，在做饭的时候节省很多燃料。

一般来说，灶台可以由石头或木块等搭成，也可以挖土来搭建。为了快速而成功地搭建一个灶台，下面教你三种最基本的烹饪用灶台的方法。

⊙ 用石块搭建

搭建石制灶台的基本要点是用石块从三个方向把起火点围起来，形成一个"三点式灶台"。做这样的灶台要尽量选用大的石块，并把它们围成"ㄷ"的形状。在制作任何一种灶台时都要考虑风吹来的方向，要让风很好地吹进灶门。

⊙ 挖土做灶台

挖开地上的土，用挖开的土来做堤，将灶台围起来。在灶门通向起火点中央的位置做一个平缓的斜坡，让空气更好地流通。不过这种灶台不能耐受雨水，下雨时，会导致整个灶台变形。

⊙ 利用木头做灶台

用粗木挑起被烹饪的物品，起火点的左右两侧用木头围起来。

【技巧要点】

搭建灶台时要注意风向，让风能很好地吹进灶门。
灶台内要有足够的空间，让柴火充分燃烧。

技巧 45 用空铝罐做锅灶

在野外，你想找一口锅，或者能充当锅的东西，其实并不难，普通的空罐子既能充当锅，也能做成灶台。

这里向你介绍的方法是用空罐子来做锅和灶台的方法，很适合在紧急情况下使用，一定要记住！

第一步 准备两个空铝罐，用罐头起子把用来做锅的罐头上部切掉。

第二步 用相同的方法切掉用来做灶台的罐头头部。在罐头上面用锥子打三个洞，下面用刀具切开，当作灶门。

这样，锅子和灶台都做好了，值得注意的是，这样小的锅和灶台，你最好使用报纸作燃料来做饭或烧水。

【技巧要点】

用报纸作为燃料，撕成碎条，慢慢燃烧，要注意燃料一定不能中断。

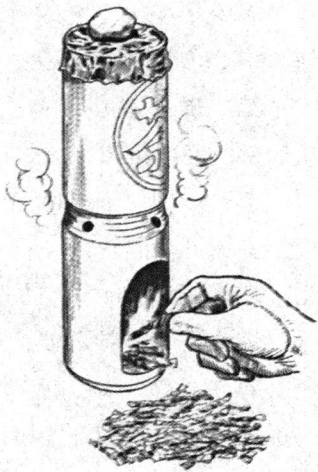

技巧46　两用"育空炉"

如果你能制作一个"育空炉"，这就表明你已经成为一个真正的野外生存达人了。它可以满足你从取暖到做饭的一切需求。

"育空炉"是野外求生中一种比较高级的炉灶，如果你要在一个地方停留一段时间，最好修造一个"育空炉"，这种炉灶用于取暖或是烧饭都非常棒。

第一步　在地上挖一个24厘米宽、30厘米深的坑，然后再挖一条通入坑中的渠道——你可以利用这一渠道添加柴火并控制空气流量（空气对燃烧效果很重要）。

第二步　把石块堆砌在坑的四周，为坑里的火建立一个烟囱，同时，你要确定坑底部的通风渠道未被封堵。

第三步　用泥浆和黏土将堆起来的石块固定住。火焰的热度会烘烤黏土，使这个烟囱更见坚固。

现在，你的"育空炉"便准备好了。利用坑底的通风渠道添加柴火。柴火一旦点燃，"育空炉"便会产生大量热量，你可以用石块或木头通过改变"通风渠道"的空气量，来控制火焰大小。

你可以在炉灶的烟囱上面烘烤食物，也可以将包裹好的食物放在炉灶里面烘焙。

【技巧要点】

> 用泥浆和黏土将堆起来的石块固定住。
> 用石块或木头通过改变"通风渠道"的空气量，来控制火焰大小。

技巧47 制作"蒸汽坑"

蒸的方法在野外通常很少用，因为缺少蒸笼这个工具，不过，如果你会制作蒸汽坑，那情况就很不一样了！

野外生存时，蒸汽坑是个极好的烹饪设备，因为它能保留住食物中所有的营养成分。下面就给你介绍这个能烹煮出完美食物的好方法：

先在地上挖一个大约宽30厘米、深30厘米的坑，在坑底部生火。然后在坑中用干树枝搭起一个架子，在这个木架子上铺上石块。当石块被烧得通红滚烫会跌入坑中，等坑内的火焰熄灭，用一把树枝和树叶扫去坑内的灰烬。

在坑中央，插入一根树枝，然后在石块上铺一层青草。把你的食物紧紧包裹上一层树叶，将它放在刚才铺就的草床上，在整个坑上再铺上一层青草，然后再铺上一层泥土。现在拔出竖立着的那根树枝，朝孔中倒入一些水，然后用泥土将孔封住。确保热蒸汽没有散发，等待60分钟。坑内，热腾腾的石块和蒸汽将把你的食物完全蒸熟。最后，你只要把包裹好的食物挖掘出来，打开树叶便可以食用了。

【技巧要点】

摆放食物要迅速，否则坑内烧热的石头就会冷却变凉，蒸不熟食物。

技巧 48　没有锅也能煮饭？

不要觉得难以置信，在野外，即使没有锅等烹饪工具，你也一样可以做饭。

当你在野外没有任何烹饪工具的情况下，只要你还有米和水，你依然可以做饭。下面就教给你没有锅等用具的"煮饭"方法。

1. 将米放入布袋或用衣服系成的袋子中，放到水里浸泡半天或是一晚上。

2. 挖开地面，在下面铺上小石块或树叶，将装好米的口袋展平放在上面。

3. 再在口袋上铺一层小石块或树叶。

4. 在最上面盖一层土，厚约2~3厘米，盖好后在土上面生火。

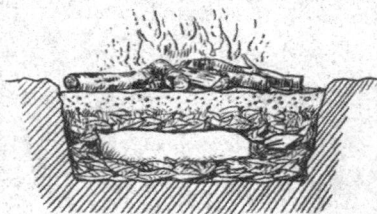

5. 过20—30分钟左右，饭便煮好了（将篝火和一部分泥土稍稍挪开，即可闻到饭的香味）。将口袋拿出来时要注意不要让泥土粘到米饭。

【技巧要点】

浸泡时间要久一些，让米能吸收足够的水分。

技巧 49 纯天然"竹筒饭"

砍下一节竹筒，装进适量的米和水，放在火堆中烤熟，用餐时破开竹筒取出饭，这便是有名的"竹筒饭"。当你身处山区野外，制作竹筒饭再好不过了！

竹子可以用来做许多东西，用途十分广泛。当然，也可以用作烹饪工具。下面教你的就是用竹筒作为锅煮饭。

先将直径5~6厘米的竹子切成长约50厘米，并有一段竹节的竹筒（切口距竹节约30厘米），为了能将竹节下端埋入土中，其中一端要斜着向下切。然后，预备好米、蘑菇、香菇或是肉类等食物，以及适量酱油、铝箔（香蕉叶等树叶）。

在竹筒中放入淘好的米、菌类或肉类食物、水（约为米的1.2倍），倒入少量酱油，把竹筒口用铝箔封好，也可用香蕉叶将竹筒口堵严。生起火，把竹筒放在火旁，不要直接接触火，烤20—30分钟后，再蒸上10分钟左右即可。

当竹筒表层烧焦时，饭就熟了。劈开竹筒，米饭被竹膜所包，咬一小口竹筒饭，食物混合着竹子的清香，会让你食欲大增，慢品细嚼，更是趣味盎然。

【技巧要点】

切割竹子时，要保证一端带有竹节，这样米才不会漏下去。

技巧 50 收拾不了一条鱼？

鱼是我们日常最熟悉的餐桌美食之一。如果你在野外捕捉到一些鱼，只要进行简单几个步骤的加工，就可以准备饱食一顿美餐了！

⊙ 加工鱼

捕到鱼进行加工，首先要去掉它的内脏。小心按住鱼，从腹部切开，然后从鱼头下面一直切到尾部。把鱼扒开，掏出里面的内脏，清洗干净，并切掉鱼尾和鱼鳍，现在，这条鱼就可以拿去烹饪了。

⊙ 去除鱼骨头

吃鱼的时候，一不小心就会被鱼刺卡住，如果想避免这种情况，就可以去除鱼骨头。先从鱼的肛门开始剖开鱼肚，直到鱼的腮部，然后用手指抠出内脏。再将鱼肉清洗干净，去掉鱼鳞、鱼鳍和鱼尾。将刀从头部插进鱼的脊骨，但不要切断。绕脊骨将鱼两边腮部切开，将拇指伸入脊骨顶端并将其取出。要设法完整干净地将鱼刺和脊骨一起剔除。鱼骨头别扔掉，你可以用它充当临时的针。

当然，去除鱼骨头会浪费太多鱼肉，建议简单取出内脏后整条烹饪。小鱼甚至不用加工处理就可以直接食用。

【技巧要点】

加工鱼最好用一把锋利的刀子，如果没有锋利的刀子，最好将整条鱼烹煮，没有必要去除鱼骨头。

技巧51 把兔肉"剥"出来

当你打死了一只兔子，并准备把它做成食物，不要觉得无从下手，虽然
现在面临的是宰杀这可怕的一幕，但之后你将享受到美味无比的野外佳肴！

兔子，在世界各地都能找到，它们是你野外生存中很好的肉食来源。因此，了解如何把一只兔子加工成食物，是非常重要的。

⊙ 放血

用绳子捆住兔子的两只后腿，将其倒着吊起来，接着割断其喉部的血管，让血流尽。注意，如果血留在肉里面，肉的味道就会不新鲜，还容易腐烂。

⊙ 剥皮

首先，将后腿部的皮浅浅切开，然后一点点把皮剥下来。为了防止异味，最好将屁股部位切掉。剥皮时刀刃从上向下切，如能够用两个手指把皮撑起来，就好切多了。剥到颈部后，就可以将兔头切掉了。

⊙ 取内脏

轻轻捏住兔子腹部表面的肉，用刀把表面切开，要注意避免切到兔子体内的任何器官。沿着切开的部分向肛门处继续向下切，然后在胸骨处开一个较大的洞，取出内脏，把剩下的肉切成块。

现在，你可以准备烹饪了。

【技巧要点】

剥皮时刀刃向下切，两个手指将皮撑起来。

技巧52　宰杀大动物也不难

经过一段时间艰苦的追捕后，你终于射倒了一只鹿或山羊。但，接下来宰杀它们并处理它们的内脏又是一项辛苦的工作，好在你得到的鹿肉和山羊肉会非常可观！

要剥去一只大型动物的皮，如果你能把它的后腿吊在树上，操作起来会容易得多，实际上剥鹿皮的工作与剥兔子皮相同。首先要做的是放血，深深地割断它的喉咙，让血流出。注意收纳这些血，非常有营养。

第一步　从它的肛门或生殖器四周开始仔细地切开腹部。

第二步　将手指头伸入兽皮和内脏隔膜之间。

第三步　从尾部到颈部剖腹，注意不要割到胃部的隔膜。

第四部　去除所有气管。

第五步　将动物躯体侧放掏出所有内脏，切掉它的肛门，锯掉它的头部。

第六步　把这头动物的四蹄从第一关节处砍掉，现在，你可以慢慢地剥下它的皮——剥下它的皮你可以用于搭棚屋或是做衣服。

最后，将动物的肉体沿着关节化整为零分割，以方便烹饪。分割时要沿着肌肉的自然线条进行，这样切起来会容易一些。大型动物的筋腱通常都是要保留的，筋腱是非常好的绳索。

【技巧要点】

用刀处理动物时要保持小心谨慎，因为刀很容易划脱动物的骨头和肌肉。此外，要确保刀刃锋利。

技巧53 煮、煎、炒、煨

因为条件有限，野外烹煮肉类食物通常都是用煮、煎、炒和煨这几种方式。通常情况下你只有盐，没有油，怎么发挥这唯一调料的作用，用什么方式烹制更好吃，就是一门很高深的学问了。

⊙ 煮

所有动物肉类都可以煮熟了吃，利用金属容器、带凹洞的石头（不能用内部潮湿的石头，否则会爆炸并造成伤害）、掏空的木头等可以将食物煮熟。利用椰子壳、贝壳、乌龟壳、竹子等也可以将食物煮熟。在地上挖一个坑，用树叶或是其他防水材料将坑沿铺好，用水将坑填满，往坑里放烧红的木炭，这样也可以做成一个"煮锅"。为了掩盖肉的腥味，在煮肉的时候你就该放一些盐。别放太多，煮熟后再酌情添加。

⊙ 煎

光滑的石板可以用来当作煎锅使用，找一块平滑的石板，用石头将其撑住，在石板下方生火加热。加热之前要确保除掉石板上的灰尘和污垢。石板受热之后，就可以在上面煎肉或是蛋（掏鸟窝可得到）了。

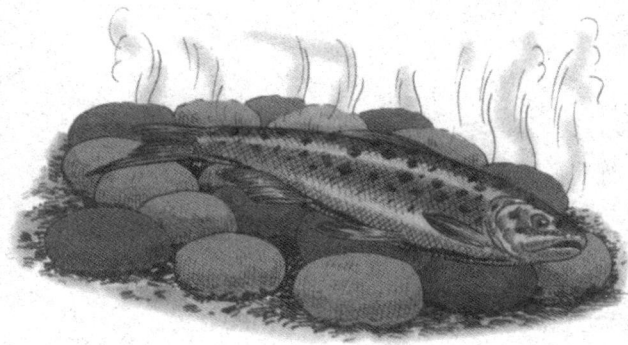

把鱼放在烧得通红的石块上烹制。

⊙ 炒

炒看起来很不错，首先，将光滑的大石头垒成一排，在石块上面烧火，待石头灼热后再熄灭，这时，你再将食物放在受热的石块上炒。受热的石块可以用来烹肉块、鱼和蔬菜。

⊙ 煨

煨是野外常用的加工肉类动物的方法，在火堆底下挖一个坑，形成一个密封的容器。一团卷成团的树叶或是泥巴，这些都可以临时做成一个加热器，用来烘焙食物。

用泥巴煨是将小动物弄熟的好方法。用无异味的黏土将动物肉包裹起来，泥层至少2.5厘米，放入火中煨。这样的方法用于要拔羽毛的鸟特别有效，一般一个小时左右泥巴团里的食物就能煨熟了，待泥巴烧硬变得易碎之后，将其从火中取出。打碎泥层，此时动物的毛皮也会随着泥巴层脱落，香喷喷的肉就呈现在眼前了。

以上烹煮动物肉类的方式，你可以更替使用，变着花样让自己吃得更开心一点，在无聊的野外，做饭其实是一件很有意思的事情。

【技巧要点】

受热的石块可以用来烹肉块和鱼肉等。
用泥巴包裹食物煨制，可以防止食物被烧焦。

技巧54　像侠客一样烧烤

　　武侠剧里，常常可以看到大侠们在夜空下燃起一堆篝火，烤制食物。在野外的你，此时也可以像侠客一样发挥一点烹饪技能，利用篝火做一顿美餐吧！

　　"烧烤"是最原始的做饭技巧，也是野外最方便快捷的加工食物的方式。只要掌握好火的大小和食物与火的距离，你也能烤出极品美味！

　　在野外，只要有火，烹饪食物不是太大的问题，最简单的方法是把肉或蔬菜穿在树枝上，放在火上烤。你可以用树枝做一个烤架，将它放在火焰上方，在四边用Y形树枝或者石块支撑起来，将鱼或肉放在火上进行烧烤。做出诱人烧烤的诀窍，是要控制好火力，刚刚点起来的火是不适合用来烧烤食物的！当柴火上被一层白色的粉末状物体覆盖，炭火被烧得通红时，这才是烧烤的最佳时机。在竹签上穿上食物（肉、鱼、蔬菜）放在火旁，这样可以避免食物出现"外面焦黑，里面夹生"的情况。等待一会，你就可以吃到美味的烧烤啦！

　　烧烤肉类很重要的一点是，在火上烹制过程中，你要确定肉已经烤好，而不是外熟里生。告诉你一个很好的检查肉是否熟透的办法：用一把叉子或锋利的刀插入肉块靠近骨头最厚的部分，如果流出的是血红色液体，就表明没熟，如果流出的肉汁透明，那就表示可以吃啦！

【技巧要点】

　　用篝火烹制食物，可以选择小一点的鱼，或者薄一些的肉，这样食物容易熟透。控制好火力，最好用远火或炭火烧烤食物。

技巧 55　　储藏吃不完的食物

不管在什么时候，养成储备食物的好习惯对你都有很大好处。在前途未卜，或者天气恶劣无法收集食物的时候，你会发觉先前储存下来食物是多么重要。

在野外，当你捕获的动物肉类吃不完，这时就需要正确的储存，以备日后食用。另外，在缺少固定食物来源的情况下，你也必须设法将现有的食物保存、储藏起来。

储藏食物的基本要点就是保证食物处在低温环境下，这点在冬天比较好办，你可以使用冷冻的方法储备动物肉。首先将动物肉分割成多个小块，然后修建一个藏物处。一般情况下，你可以在地上挖个坑，坑的四周围上些石头，把食物埋在围起来的"石屋"里进行储藏。或者在地上搭建一个平台，将肉放在平台上，用树枝盖住肉，以防被鸟类叼食。需要注意的是，不要在营地或是住所里搭建藏物处，否则肉味很容易将熊吸引过来。另外，冬天下雪时，你也可以把食物保存在雪堆里。

夏天储备食物，则需要用到腌制、风干、烟熏等方法了。

储备食物，不是收好了就不用管它们了，你必须要养成一个好习惯：每天都检查保存的食物，以免它们腐坏变质。晚上有空的时候，将保存的食物都用火再烤一遍。肉类食物非常容易受到昆虫们的觊觎，这时，你只要用烟熏一下就能赶跑它们。

【技巧要点】

冷藏是储存肉类最好的方法，尽可能将猎获的动物肉类冷藏好。

技巧 56 没有冰箱？风干它

在野外，并没有冰箱或冷冻柜来保持食物的新鲜，那么过不了多久，你辛苦弄到手的食物将会全部腐烂。不过，只要动用风和烟，你就能获得持久保鲜的食物。

无论是什么食物，鲜品总是不能保存太久，因为食物中的水分会迅速吸收霉菌和细菌，所以，如果你想把食物保留足够长的时间，就必须把它们风干。

风干食物最简单的方法就是曝晒，利用阳光将食物中的水分晒干。对于植物类来说，这个办法还不错，毕竟，制作菜干还是很容易的。将蔬菜悬挂或摊开在太阳底下就可以了。但肉类用这个办法就不太实用了，通常情况你很难在短时间内将肉类风干好。在风干期间你还必须在一旁守着，防止食物腐烂，或者被其他动物偷走，又或是被其他昆虫覆盖偷袭。

想要将肉类快速风干的另一个办法就是烟熏。经过烟熏的食物能保存很长时间，也方便你对食物进行批量处理。烟会把食物中的水分驱除，一个很简单的烟熏法就是将食物搭在树枝形成的网格上，然后将网格置于烟很大的火上。你可以在火上添加一些青草或绿树叶，使火产生大量烟雾，最好能使烟雾大到覆灭火焰。

烟熏既有防腐作用，又能给食物提味。烟熏好的食物，继续晾晒，直至肉块变得爽脆，这样可以长时间保存而不变质。在食用风干食物时，你最好先把它浸泡到水中，使其软化后再进行烹饪。

【技巧要点】

食物经过烟熏好后，晾晒一下效果更佳。

技巧57　尝尝自制的肉干

用盐腌制保存食物，不仅风味独特，还非常开胃。你不妨尝试一下！

将盐和食物一起加工后保存，一是能让食物保存期变长，二是能让食物更美味，三是能分散保存盐。下面将教你如何用盐将生鲜肉类做成干物。

⊙ 鱼干的制作方法

先除去鱼的内脏和腮，沿着鱼骨将整条鱼剖成两半。用海水洗净，浸泡约30分钟后，晾晒3小时左右，鱼就变成了鱼干。如果你需要长时间保存，则需要等到鱼的水分完全被晾干。河鱼做成鱼干则需要先用水洗净，然后把盐洒遍鱼身，放在太阳下晾晒。

⊙ 干肉的制作方法

将鲜肉做成干肉，是一种保存生肉简单有效的方法。除去牛肉或者猪肉的脂肪部分，把剩下的部分在与海水盐度相同的盐水中浸泡一晚上，然后放到太阳下晒，直到将鲜肉晒得硬邦邦为止。晒好后的干肉可以直接食用，也利于保存。如果食用时需要煮制，加一些蔬菜一起烹饪，吃着会更加美味！

任何肉类都可以用这样的方法来腌制保存，特别是猪肉更易于腌制。新鲜的猪肉腌制成干肉可以保存很久，味道也相当不错。除此之外，河蚌、蜗牛等软体动物，你可以先用盐水煮熟，再捞起来沥干水后，制成干菜保存。

【技巧要点】

> 自制肉干的方法是，把生鲜肉类放在与海水盐度相同的盐水中浸泡一晚上，然后放到太阳下晒，直到晒得硬邦邦为止。

第八章　搭建避身所

平时，我们的生活环境相对舒适，不会对如何栖身多花心思。然而，野外生存环境复杂，不论是形势所迫还是突发事故，你的生活秩序都会被瞬间打乱。你可能突然发现自己被孤零零地留在狂风肆虐的旷野，或是冰雪覆盖的悬崖峭壁，又或是广袤灼热的沙漠深处。在那一刻，有个避身所，将是你最迫切的需要。

鲁滨逊怎样避身

　　鲁滨逊最初发现自己被海浪卷到一座小岛上时，曾一度沉浸在绝处逢生的喜悦中。他在岸上狂乱地跑来跑去，高举双手，做出千百种古怪的姿势，他全部的身心都在回忆着自己死里逃生的经过，自我安慰了好一番，庆幸自己死而复生。然而，当他开始环顾四周，看看自己究竟到了什么地方，考虑下一步该怎么办时，情绪立即低落了下来。他意识到，自己虽获救，却又陷入了另一种绝境。他浑身湿透，却没有衣服可更换；又饥又渴，却没有任何东西可充饥解渴。他看不到有任何出路，除了饿死，就是给野兽吃掉。他身上除了一把小刀、一个烟斗和一小匣烟叶，别无他物。这使他忧心如焚。夜色降临，他想到野兽多半在夜间出来觅食，更是愁思满腔。这时，他发现附近有一棵枝叶茂密的大树，看上去有点像棕树，但有刺。他想出的唯一办法是：爬上去坐一整夜再说。然后他爬上树，尽可能躺得稳当些，以免睡熟后从树上跌下来。他事先还从树上砍了一根树枝，做了一根短棍防身。由于疲劳至极，他躺下后立即睡着了，睡得又熟又香。一觉醒来，天已大亮。这时，风暴已过，天气晴朗，海面上也不像以前那样波浪滔天了。然而，最使他惊异的是，那只搁浅的大船，在夜里被潮水浮出沙滩后，又被冲到了岩石附近，并还好好地停在那儿。他想，若能上得大船，就可以拿出一些日常生活的必需品。

　　于是，鲁滨逊从树上下来，环顾四周，观察一下周围的地形，想找个合适的地方安置他的住所和贮藏东西，以防发生意外。他不知自己身处何地，是在大陆上呢，还是在小岛上，是有人烟的地方呢，还是没有人烟的地方，有野兽呢，还是没有野兽。侦查了好半天后，他感到对岛上的环境已了解得差不多了，就回到大船上，动手把货物搬上岸。那天剩下的时间他几乎全都用在搬物品上了。至于夜间怎么办，在什么地方安息，他心中还无数。他当然不敢睡在地上，怕野兽来把他吃掉。最后，他竭尽全力，把运到岸上的那些箱子和木板，搭成一个像木头房子似的临时住所，把自己围起来保护自己，以便晚上可睡在里面。但那是暂时的，后来他又花了大量时间用船上的帆布和砍好的支柱做了一顶帐篷，把凡是经不起雨打日晒的日常用品通通都搬进了帐篷里去；又把那些空箱子和空桶放在帐篷周围，以防人或野兽的突然袭击。

帐篷搭好、防卫筑好后，他又用几块木板把帐篷门从里面堵住，门外再竖上一只空箱子。然后，他在地上搭起一张床，头边放两支手枪，床边再放上一支长枪，总算第一次能上床睡觉了。因为前一天晚上睡得很少，白天又从船上取东西、运东西，辛苦了一整天，实在疲倦极了，所以他整夜都睡得很安稳。

在恶劣的生存环境中，鲁滨逊用自己的智慧和行动为自己建造了一个安全舒适的避身栖息地。在野外，避身所不仅能提供舒适，更重要的是能挽救你的生命。一个搭建合理的避身所不仅能帮你有效抵御特殊环境的危险，如风、热、冷、雨、雪等情形，更重要的是帮助你留住身体里的热量，以防体温降低而带来的生命危险。因此，掌握选择、建造避身所的能力是最为关键的野外生存技能。

技巧58 选好地方麻烦少

野外潜在的危险无处不在！咬人的昆虫、毒蛇、野兽、正在倒下的树木和落石、洪水、雪崩——因此，选择一个合适的地点对于你搭建避身场所非常重要。

如果你随意地选择一个地方来搭建避身所，当它出现种种问题时，你还要另寻一个好地点再建一次，这无疑是在浪费时间和精力。因此，避身地点的选择一定要准确。

选择避身所的位置和类型，天气是至关重要的影响因素。例如，在寒冷地带，地势低的地方夜间气温低，而且会受到冷风侵袭。通常谷底气温总是低于上部。因此，在寒冷地区，搭建避身所要能够利用阳光，而且要尽量使用隔热材料。

避身所的搭建除了要因地制宜以外，你还需要考虑以下因素：

风——在温暖地区，避身所要建在有微风吹拂之处，但是要避开有风沙和灰尘吹拂的地方。在寒冷地区，避身所要能够保护你免受寒风和降雪的侵害。

雨、雪和冰雹——切忌在排水干道附近搭建避身所，更不要在有山洪、泥石流和雪崩暴发迹象的地区搭建。

昆虫——不要将避身所建在死水或是蚁穴附近，这些地方通常会招来很多昆虫的侵扰。

树木——搭建避身所时，一定要抬头观察一下身旁的树木是否有蜜蜂窝和黄蜂窝。另外，要警惕头上是否有枯木，因为在遇到风暴时枯木可能会随时掉落。

【技巧要点】

> 因地制宜，根据地形选择合适的避身地点。
> 搭建避身所要考虑天气、昆虫等等因素。

技巧 59　寻找天然避身所

在不可预知的生存环境下，如果自然界能够提供一个有良好保护功能的天然避身所，你就没有必要浪费个人资源从零开始！

在野外，如果一直处于太阳光直射，会增加你头痛的概率，而处于冰冷潮湿之地又会大大增加你体温降低的概率。因此你需要一个避身所来遮挡无情的烈日，提供一个阴凉的休息之地，或是躲避狂风暴雨及寒冷的侵袭。如果你一时找不到任何材料，此时你应该对你所身处的地区做一个快速勘察，寻找是否有便利的自然地貌，可以搭建一个天然避身所。

你可以查找一下周围是否有突出在外的岩石、露出地面的岩层、洞穴、倒下的树干、有枝杈悬垂接近地面的树等。如果你能找到上述任何一种地貌，稍加改动就可以建成一个可用的天然避身所。

凸出在外的岩石能够有效抵御寒风、雨和雪的侵袭，在紧急情况下是首选的避身地。尤其如果你手头有塑料布或其他防水材料，便能迅速将岩石敞开的那一面遮挡起来，将寒风和湿气挡在外面。

倒下的树干，在它的下风方向搭建一处洞穴，盖上树枝做一个顶，天然的避身所就算搭建完成了。此外，你也可以在干旱贫瘠的地面下建造一个地下避身所。这时，要设法在避身所上端留有一层空间，以保护你免遭太阳的直接辐射。

无论你决定怎样利用地貌来建造避身所（岩石、树下等），最重要的都是避身所的安全性。

【技巧要点】

避身所的入口应当设在背风面。

避身所建在树下时，要提防被强风吹落的树枝砸到。

技巧 60　雪地里有个"屋"

在零摄氏度以下的地区求生，要比在温暖环境中困难得多。即使你已经有了足够的衣服保暖以及求生的意志，不搭建一个避身所仍是无法生存的！

在寒冷地区冰天雪地的环境下搭建一个避身所，需要你投入大量的时间和精力。首先要制定一个搭建避身所的计划，在雪地上搭建避身所需要借助锯刀、冰刀、铁铲或弯刀破开雪块，雪块要足够坚固，要能承受你的体重。在北极这种没有树木的地方，你只能搭建雪屋或者雪洞。因此花费大量时间去找一块表面平整、坚固结实的雪地是非常值得的。不管搭建任何类型的避身所，都是为了能尽可能的舒适，因此，你必须把握以下原则：

入口——尽量减少入口的数量以保持雪洞内的温度。

隔热——任何时候都要在身下铺上厚厚的隔热材料，即便你有睡袋也不能忽视这个。

雪——进入避身所前要先抖掉身上的雪。

睡袋——保证睡袋的干燥、清洁和饱满。

如果你必须外出，确保随身携带燃料、保温装备，以便可以融化冰雪，饮用雪水。最后，一定要确保避身所入口处没有积雪或其他障碍物阻挡，因为它们可能会使你在必要时无法迅速离开避身所。

【技巧要点】

> 不要直接在地上睡觉，需铺上隔热材料。
>
> 如果打算在避身所里生火，一定要留通风口。

技巧61 钻进雪洞也不错

如果你不得不在雪地中生活很长时间，就试着搭建一个雪洞避身所吧！

雪对你的野外生存会构成巨大威胁，但如果利用合理，它也能成为有用的求生工具。雪的最大好处是能为避身所提供绝佳的隔热性能。世界各地有很多不同类型用雪搭建的房屋，但最常见的、构造最简单的就是雪洞。

搭建雪洞应选择不易发生雪崩等自然灾害的地方。陡峭的斜坡或崖底都不适合建造雪洞。入口的选择也要谨慎，确保不会有风钻进洞。先找一个由厚厚的、非常坚固的积雪堆成的大雪堆，直直地向里面挖一个至少1米长的小隧道，然后再在隧道的左右两侧挖掘，使洞内有做饭和存放装备的地方，洞的高度能保证你在里面能坐直。为了坚固起见，最好给雪洞安一个圆形的顶，也可以确保雨水顺着弧线滴落在洞的旁边而不是你身上。

洞顶至少要有25厘米厚，入口处也要塞上一个装备包、一块雨布或是一方雪块来隔寒保暖。一定要确保地面隔热，洞内至少设两个通风口，一个在顶部，一个在门上，在雪洞内做饭或取暖时，尤其要注意通风。

壕沟是比雪洞更简单也耗时更少的避身所。与雪洞避身所一样，壕沟避身所也是用雪块制作的。在雪地上挖出一个沟，将挖出的雪块削成矩形方块堆放在壕沟的上方，建成避身所，在壕沟底部铺上一层厚厚的树叶来抵御寒冷。不要忘记设一个通风口，壕沟避身所不能长时间使用，如果你需要待很长时间，那么还是建一个雪屋或雪洞避身所吧！

【技巧要点】

雪洞内至少设两个通风口，一个在顶部，一个在门上。

技巧62 丛林危险，躲好了

在热带丛林或雨林地区，地面非常潮湿且布满了各种昆虫及爬行动物，如果不搭建一个安全的避身所的话，很可能你醒来时会发现有一条蛇在你身上游走。

由于热带雨林的地面上经常很潮湿，而且地面上很可能会有各种昆虫、血吸虫或者其他令人厌恶的爬虫，它们会使劲往你身上爬，这时你最好动手搭建一个高出地面的床，而不是直接在地面上铺设床铺。相应地，你也许愿意把避身处建得更高一些，确保远离地面睡觉，如果可以的话，避身所最好建在高山上或者远离死水的高处。这些地方的地面是干燥的，而且昆虫、水蛭和爬行类动物较少，还容易发送信号。

在热带丛林地区，可以用来搭建避身所的材料很丰富，大篷棕榈、香蕉的树叶，或者其他树木的大型叶片，它们都可以用来遮盖棚顶或者制作墙壁，而且效果也会很好。此外，竹子也可以用来做支架、做顶或者围墙，关键是你要懂得如何使用它们。

在地面搭建避身所，首先要清除地上的草丛和水滩，这样可以避免昆虫和爬行类动物的靠近。为了防雨，你可以搭建一个"A"型框架，接着覆盖上宽树叶（香蕉叶等）形成厚厚的一层，这样即便下雨，雨水也会从侧边流下。一个"A"型的避身所绝对是你夜间休息的理想场所，它的长度足以容纳你的全身，你甚至不需要避身所的门就能让自己免受日晒雨淋之苦。

在高处搭建避身所要找四棵呈矩形排列的树，要足够坚固，能够承受你的体重。砍两根结实的树干，将它们固定在四棵树上，再砍一些树杆架在那两根杆子上。用宽树叶或干草铺在架子上面，形成一个松软的睡床。在湿地上，一定要留意周围树上的潮汛，确保你的睡床足够高。

如果你位于热带海滨地区，你还要会搭建海滨避身所。搭建之前，你要清楚潮水可以达到的最高水位是哪里。一定要保证你所在的地点在潮水满线之上，以避免被水淹。海滨避身所最好选在沙丘的背风面以避免风沙袭击。首先清理出一片足够大的平地，要能够容纳你躺下并放置你的装备。用树干做一个厚实的框架，要足够坚固，能承受沙石，然后用木板或树干砌成四周的墙。别忘了留一扇门，在顶部盖上一些厚实稠密的防沙材料，防止沙子透过细缝或者小孔进入避身所内。最后在顶部铺上一层15~30厘米厚的沙子来隔热。

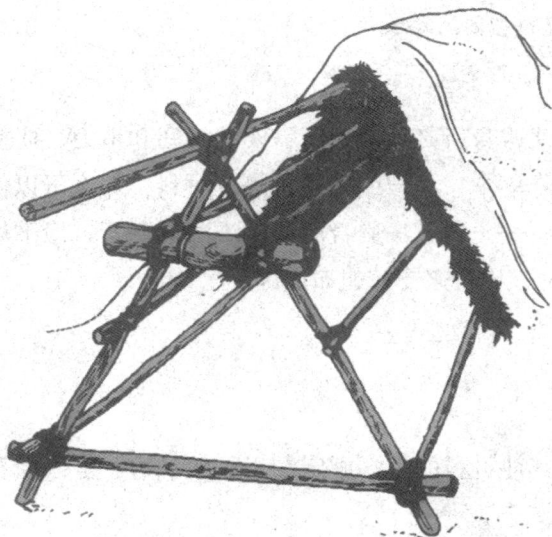

如果你的做法正确，而且所有的一切都扎得很紧的话，A形棚屋确实会非常牢固。当你为搭成的棚屋披上一层厚厚的植物以作保暖时，还可以添加一块防潮布——如果你手上有的话，这将使你的棚屋增加额外的防水功能。

【技巧要点】

不要睡在地上，地面很潮湿，避身所最好建在高处。在树林中，尽量利用树木作为支架搭建避身所。

不要在枯树或椰子树下建避身所，枯枝和椰子可能会砸到你。

搭建海滨避身所，采用沙子和木板的结合能更加坚固耐用。

技巧63 搭建沙漠之"家"

在沙漠地区，搭建一个避身所对于你来说是至关重要的。它可以帮你阻挡白天的炎热，也可以驱赶夜间的寒冷。

在干旱的沙漠环境中，搭建避身所必须考虑所需要的时间和精力，还要考虑需要的材料。如果你有帆布、降落伞、雨披或者飞机隔音材料，那么可以使用这些材料做两种简单的沙漠避身所——岩石法避身所和沙堆法避身所。但不论是岩石法还是沙堆法，你至少需要两根木棍来支撑帆布底部。

⊙ 岩石法

找一块凸出地面的岩石。

将雨披、帆布、降落伞或其他材料的一端固定在岩石的一边，可以用石头或其他重物压在上面。

将雨披伸展开来，另一端也固定好，使其形状能最大程度地遮挡阳光。

⊙ 沙堆法

堆一个沙堆，或者利用沙丘的一边做避身所的一边。

将材料（雨披、帆布、降落伞）的一端固定在沙堆（或沙丘）的上面，可以用沙子或其他重物固定。

将材料伸展开来，另一端也固定好，使其形状能最大程度地遮挡阳光。

【技巧要点】

用两根木棍来支撑帆布底部。

避身所的最外层最好用白色材料，内层最好是活动式的，周围要注意通风。

第九章　歇一歇，搭个露营地

在恶劣的生存环境下，露营地不仅能为你提供舒适的住所，更重要的是还能挽救你的生命。建造合理的露营地至少能帮你实现两个最基本的生存目的：一是能有效抵御特殊环境的危险，如风、冷、热、雨或雪、地震等；二是能抵御野兽的侵袭。如果能搭建起一处完美的野外求生露营地，这表示你已成为一个真正的野外生存高手了。

鲁滨逊的海滨堡垒和乡间别墅

鲁滨逊在克服了最初的悲观绝望情绪后，立即投入了征服大自然的斗争，他从搁浅的破船上取走了几乎所有可以取走的东西。当时，他的思想完全集中在如何保护自己，防备野人或野兽的袭击。他想了许多办法，考虑造什么样的住所。

鲁滨逊根据自己的情况，拟定了选择住所的几个条件：第一，要卫生，要有淡水；第二，要能遮阴；第三，要能避免猛兽或人类的突然袭击；第四，要能看到大海，万一有船只经过，他就不至于失去脱险的机会，因为他始终存有一线希望，迟早能摆脱困境。

他按上述条件去寻找一个合适的地点，发现在一个小山坡旁，有一片平地。小山靠平地的一边又陡又直，像一堵墙，不论人或野兽都无法从上面下来袭击他。在山岩上，有一块凹进去的地方，看上去好像是一个山洞的进口，但实际上里面并没有山洞。

在这山岩凹进去的地方，前面是一片平坦的草地，鲁滨逊决定就在此搭个帐篷。这块平地宽不过一百码，长不到二百码，若把住所搭好，这块平坦的草地就犹如一块草皮，从门前起伏连绵向外伸展形成一个缓坡，直至海边的那块低地。这儿正处于小山西北偏北处，日间小山正好挡住阳光，当太阳转向西南方向照到这儿时，也就快要落下去了。搭帐篷前，他先在石壁前面画了一个半圆形，半径约十码，直径有二十码。沿这个半圆形，他插了两排结实的木桩；木桩打入泥土，仿佛像木橛子，大头朝下，高约五尺半，顶上都削得尖尖的。两排木桩之间的距离不到六英寸。然后，他用从船上截下来的那些缆索，沿着半圆形，一层一层地堆放在两排木桩之间，一直堆到顶上，再用一些两英尺半高的木桩插进去支撑住缆索，仿佛柱子上的横栏。这个篱笆十分结实牢固，不管是人还是野兽，都无法冲进来或攀越篱笆爬进来。这项工程，花了他不少时间和劳力，尤其是他得从树林里砍下粗枝做木桩，再运到草地上，又一一把它们打入泥土，这工作尤其费力费时。

至于住所的进出口，他没有在篱笆上做门，而是用一个短梯从篱笆顶上翻进来，进入里面后再收好梯子。这样，他四面都受保护，完全与外界隔绝，夜里就可高枕无忧了。不过，他后来发现，对他所担心的敌人，根本不必如此戒备森严。

后来，他又花了极大的力气，把全部财产——全部粮食、弹药武器和补给品，一一搬到篱笆里面，或者可以说搬到这个堡垒里来。他还给自己搭了一个大帐篷用来防雨，因为这儿一年中有一个时期常下倾盆大雨。他把帐篷做成双层的；也就是说，里面一个小的，外面再罩一个大的，大帐篷上面又盖上一大块油布。那油布当然也是他在船上搜集帆布时一起拿下来的。

他把粮食和一切可能受潮损坏的东西都搬进了帐篷。完成这工作后，他就把篱笆的出入口堵起来。此后，他就像上面所说，用一个短梯翻越篱笆进出。做完这些工作后，他又开始在岩壁上打洞，把挖出来的土石方从帐篷里运到外面，沿篱笆堆成一个平台，约一英尺高。这样，帐篷算是他的住房，房后的山洞就成了他的地窖。就这样，鲁滨逊的海滨堡垒建造完成了。

由于岛上经常下大雨和发生地震，鲁滨逊整天不能出门。这时他才发现，他所选定的住处，实在是全岛最坏的地方。考虑到今后的生活，他觉得自己不能老住在山洞里，他想在开阔的平地上造一间小茅屋，四面像堡垒一样围上一道墙，以防野兽或野人的袭击。如果他一直在这个海滨堡垒住下去，迟早会被活埋的。

想到这里，鲁滨逊决定要把帐篷从原来的地方搬开。现在的帐篷正好搭在小山的悬崖下面，如果再发生地震，那悬崖塌下来必定砸倒帐篷。于是他花了两天的时间来计划新的住址以及搬家的方法。

终于，他找一个安全的场所安家，因为那儿物产丰富，景色宜人。但他仔细一想，住在海边也有住在海边的好处。说不定还有一些别的倒霉蛋，像他一样，交上厄运，来到这座荒岛上。思前想后，他觉得家还是不搬为好。家是不准备搬了，但他确实非常喜欢那地方。因此，他常去那儿，并决定在那儿造一间茅舍，并用一道结实坚固的围墙把它从外面围起来。围墙是由两层篱笆筑成的，有他自己那么高，桩子打得很牢固，桩子之间塞满了矮树。他睡在里面很安全。有时，在里面一连睡上两三个晚上，出入照例也用一架梯子爬上爬下。这样，他就拥有了一座乡间住宅和一座海滨住宅。

鲁滨逊用自己的双手在荒野中搭帐篷，掘山洞，打围墙，为自己筑起一个安全坚固的"城堡"，免受野人或野兽的侵害。在野外求生的过程中，除了要保证好食物的来源，还得有能安心住的地方。一个温暖而舒适的住所在关键时刻能挽救你的生命。现在，凭借从鲁滨逊那儿得到的一些指导，学着搭建各种简单而有效的露营地吧。

技巧 64　寻找"天时地利"

在野外，疲劳的积累会使人丧命。如果你随意地选择一个露营地，甚至会面临灾难的降临——被昆虫蜇咬或是被倒下的大树砸中，一切危险皆有发生的可能！

一个露营地是非常普通的，但在恶劣的气候下，它将成为不可或缺的生存条件。在选择露营地点时，你最好寻找一个有岩石、山丘或者树林，能给你遮风挡雨的地点。注意千万别把营地设在山顶上，那里的风和雨会让你苦不堪言。也不能把露营地安置在谷底或地面的洼陷处——这些地点到了夜间会很潮湿、阴冷，一旦下起雨来，这些地方很容易被水淹没。

选择露营地时，你最好观察一下四周是否有枯树、岩石、河流，一棵枯树能为你提供做饭生火用的木柴；一块岩石能为你和你的露营地保持住火的温暖；一条河流可以为你提供食物（鱼）以及饮水的简单来源。因此，你最应该把露营地设在平坦、干燥的地面上，并且确保附近有树木以及河流或者小溪。同时要注意露营地和河道要保持足够远的距离，这样一旦水位突然上升，露营地也不至于被淹没。

最后要注意的是，不要将露营地搭建在看起来已经枯死的大树下，巨大的树枝很可能随时断裂，并把你砸倒。此外，野外露营必须考虑到昆虫的攻击，选择露营地时，也要检查附近有没有胡蜂、黄蜂、蜜蜂或者蚂蚁巢穴。

【技巧要点】

> 最好找一个有岩石、山丘或者树林，能给你遮风挡雨的地点。
> 露营地要与河道保持足够远的距离。

技巧 65　把营地布置成"家"

野外求生中，免不了要在野外宿营，拥有一块好的宿营地将会使你得到良好的休息和食物的集结供应。因此，布置好露营地，其实就是收拾好你在野外随遇而安的"家"。

如果你迷失在荒郊野外，别让自己陷于绝望。相反，你应该积极地搭建起一处出色的露营地。营地选择好后即要建设营地。尤其是有一定规模的野外露营地，整个营地的建设就尤为重要，分以下一些步骤：

⊙ 平整场地
将已经选择好的露营区地面打扫干净，清除石块、矮灌木等各种不平整、带刺、带尖物的任何东西，不平的地方可用土或草等物填平。如果是一块坡地，只要坡度不要大于10度，一般都可以作为露营地。

⊙ 场地分区
一个齐备的营地应分为宿营区、用火区、就餐区、用水区（盥洗）、卫生区等区域。第一个先落实宿营区。用火区应在下风处，距离帐篷应在10～15米以上，以防火星烧破帐篷。就餐区应就近用火区，以便烧饭做菜及就餐。卫生区应在宿营区的下风处，与就餐区等活动区保持一定的距离。用水区应在溪流及其河流边，分上下两段，上段为食用饮水区，下段为生活用水区。

⊙ 建设用火就餐区
就餐同用火一般在一块儿，或是相近的地方，这个区域要与宿营区有一定的距离，以防火星烧着帐篷。烧饭的地方最好是有土坎、石坎的地方，以便挖灶建灶，拾来的柴火应当堆放在区外或上风处。就餐区最好有一块大家围坐的草地。

⊙ **建设取水用水区**

　　用水、取水一般都在水源处，盥洗用水与食用水应分开，如果是流水，食用水应在上游处，盥洗生活用水在下游处。湖水也同样如此，两种用水处应当距离10米以上。这种划分是出于卫生的需要。另外，取水要经过的河滩地带乱石灌木等物较多，没有小路可寻，故应当在白天的时候注意清理一下，不然晚上取水时就不方便了。

⊙ **建设卫生区**

　　在距离营地100米的地方搭建一个厕所。请确保厕所位于下风处，以免令人不快的气味被风吹回来。

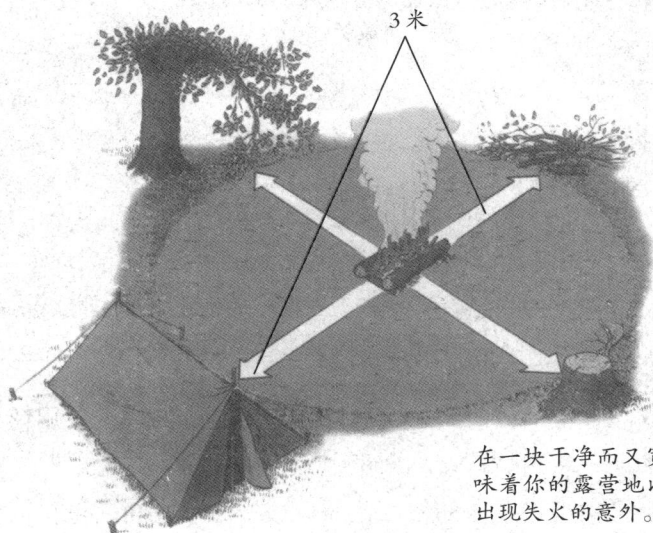

3米

在一块干净而又宽敞的地方生火，这意味着你的露营地以及周围的树林都不会出现失火的意外。

【技巧要点】

　　营地的地面要平整，不要存有树根草根和尖石碎物，也不要有凹凸或斜坡。

　　在一块干净而宽敞的地方生火，可以有效避免露营地以及周围的树林发生火灾。

　　如果刚好身处雨季，围绕露营地挖掘一条排水沟，可以将营地的积水排出。

技巧 66　树下挖坑好取暖

冬季，当你在积雪覆盖的树林里穿行时，又湿又冷。你现在需要的是一处简单的容身之地，以免自己被冻死。

搭建树雪坑是让你避免风吹雨淋的好办法。你所需要的只是一棵杉树以及一些树枝。杉树是最理想的树木，因为它的蓬形分枝可以成为一道天然的屏障。找一棵枝叶茂盛的杉树，围绕着它的底部挖掘一条壕沟，其深度能让你坐入其中即可。在你头上厚厚的杉树枝叶，实际上形成了一个屋顶，它会为你遮风挡雨。在你所挖的洞穴四周堆砌石块也有助于避风。

厚厚的树枝为你提供了温暖和住所。

杉树的主干使你的树屋非常坚固。

你可以坐在围绕树干挖掘出的洞中。

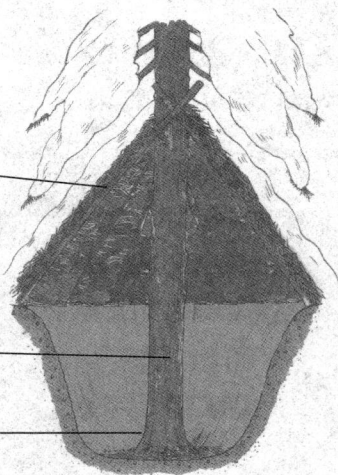

如果你打算在这里住上一段时间，你可以在树雪坑的四周，使用树枝加固树干，以改善自己的住所。将树枝连接在树干上，以加固这一"建筑"，或者用绳索将它们绑在树干上。然后用厚厚的树叶覆盖树枝，最后在树雪坑里面铺上一些树枝类的干燥材料进行地面保温，你的树雪坑就大功告成了。

【技巧要点】

寻找合适的杉树，树干要粗。如果有低垂到接近地面的树枝就再理想不过了。

围绕树干在周围挖掘出一个洞坑。

技巧 67　树枝树叶做披屋

在荒野中，森林是你的朋友！只要在你身边还有树木、枝叶，你就不会没有遮风挡雨处。大自然的遮蔽物，会为你的生存发挥巨大的影响力。

披屋是一种多用途的庇护所，它适用于不同的地理环境。搭建一个披屋非常简单，而且容易操作，可冬夏两用。一开始，先找一些粗大结实的树枝，去除树叶做一个框架。让这个框架可以水平地固定在两棵树之间，而其他的树枝则与之垂直（确保框架的斜坡呈迎风方向）。

厚厚的树叶所形成的遮蔽物，能让你保持温暖。

主要的水平支撑物——你应该挑选一根粗壮的树枝。

除此之外，你也可以简单地把垂直的树枝靠在一段倒下的大树上或者一块岩石的表面即可，也可以用一些绳索或者有韧性的植物，将框架牢固地扎在一起。找一些树叶茂盛的树枝把它们固定在框架上，形成一个既保暖又防水的遮蔽物，将树枝固定在一起，使这个披屋更加牢靠。

当你做好一间披屋后，记得在地上铺一层厚厚的树叶，也可以在披屋前面生一堆火，在另一端放一块反射板，以便将热量反射到披屋内。如果你坐在光秃秃的地面上，身上的热量会消耗很多。

【技巧要点】

> 厚厚的树叶所形成的遮蔽物，能让你保持温暖。
> 披屋主要的水平支撑架，应该挑选一根粗壮的树枝。

技巧68 冬暖夏凉的圆锥帐篷

圆锥形帐篷冬暖夏凉，易于搭建，不仅能够帮你抵御大风和暴雨，而且它的采光和通风也很好。睡在一顶印第安式的圆锥形帐篷中，即使野外露宿也会让你觉得舒适自在。

做一顶简单的圆锥形帐篷，你所需要的只是一些木棍、一块帐篷材料以及一些绳子而已。

首先，你需要一些木棍。砍下5~6根长一些、直一点的树枝，把它们切成大致相同的长度——大约1.8米。用一根树枝在地上画一个圆圈，然后把每根树枝沿着圆圈，按照相同的间隔排布。在地上挖出小洞，以便将树枝插入其中，然后，一根接一根地将树枝顶端用绳索或者有韧性的植物绑在一起，这样便形成了一个圆锥形帐篷的外形。

接下来，去找一块大些的防水的材料（如防潮布等），把搭成的架子包起来。在几个点上把这块防水材料连接起来，由上到下，一直到"出入口"，围成一个空间。如果找不到防潮布的话，也可以用厚厚的一层树叶来覆盖框架，记住留下一个"门"，以方便你的进出。

这种临时搭建的圆锥形帐篷，其大小只能让你坐在里面。可一旦坐进了帐篷中，你便会发觉既温暖又安全。

圆锥形帐篷最棒的是，你可以把它收起来，将它从一个地方带至另一个地方也很省时省力。只要你制作正确，圆锥形帐篷是很牢固并且通风的。

【技巧要点】

> 在地面上先画一个圆圈，以便能正确地安放木棍。
>
> 把木棍的顶端绑在一起形成一个圆锥的外形。

技巧69　睡得香才是硬道理

前面我们谈了如何搭建露营地，现在该谈谈怎样在野外睡觉的问题了。不能在郊野睡眠，疲劳的积累甚至会使你丧命。因此，必须训练自己养成在野外安眠的习惯。

在还没有谈到用什么睡具之前，首先得介绍你一个怎样睡得舒适的方法。如果你到了郊野而没带有睡具，可以就地挖两个小洞，把你的臂部和臀部安置好，一定会睡得很舒适。若是在仲夏之夜，用一块地布、一块大毛巾，铺在干泥草地上，挖两个小洞藏好你的臂和臀部，这样会比你家里的床还睡得香甜。

不管在什么情况下，要想快速进入睡眠，最好将宿营时睡觉的地方尽量做得接近平时你睡习惯的床和被子。每天充足的睡眠是你渡过难关的必要条件。

不能安眠时，放松心情，呆坐亦可。

有人在家可以熟睡，在野外却不能安眠，这种情形很多。睡觉前，你最好不要想任何心事，静静躺下，让身体得到充分休息，肚子饿可以喝些温和的水或吃些东西，这样可以帮助入眠。如果仍无法安眠，呆坐亦可，尽量让头脑空白，不要再活动。

充分劳动也能帮助你快速进入睡眠。在野外露营不容易入眠的人，白天尽量劳动，睡前解开腰带，检查垫铺下是否潮湿，是否有小树枝或石头顶住，并多加件衣服取暖，为了防止露水，可以在垫铺上面搭个简易的帐篷，这样晚上较易入眠。

【技巧要点】

舒适的床是快速进入睡眠的关键，铺褥子的时候尽量铺得平整些，做得接近自己平时睡的床。

技巧 70　临时床铺不容忽视

野外露营时最重要的一部分，也是最容易被忽视的一部分就是床。因为，你觉得那是奢望。其实，一张床铺是野外生存的必备品而非奢侈品！

野外生存中，一张床有两个作用。首先，它能在夜间让你获得更好的睡眠，这就意味着你能更好地对抗疾病并保持精力充沛。其次，如果你直接坐在或躺在冰凉的地面上，体温通过地面传导很容易被吸走。

如果你随身携带设备，睡袋和热垫都可以用来当床。即便没有，你知道如何利用自然材料临时制作床，也会保证你能看见第二天的曙光。

临时能制作的最简单的床铺就是在地面上铺一层厚厚的树叶，这能为你提供一层保护垫，并起到隔热作用。这种简易床铺的材料可以使用大批草或蕨类，或者杉树枝。杉树枝非常好用，因为它的枝叶很平坦，而且即使在冬天，杉树枝叶上依然留有针叶。最后，如果你有床单，将其铺在上面，一张简单而舒适的床就大功告成了。

如果是炎热季节，最好让你的床离开地面，否则，野外的昆虫们将把你当成它们的晚餐！你可以通过在合适角度的顶部和底部，支撑固定几根又大又重的原木或者竹竿、木杆，然后用相连接的竹片搭成床铺。

【技巧要点】

在地面上铺一层厚厚的树叶，这能为你提供一层保护垫，并起到隔热作用。如果是炎热季节，最好让你的床离开地面。

技巧71 搭建"树上神秘基地"

说到木屋，大家就会有一种"树上神秘基地"的浪漫感觉。其实，木屋能用来抵御危险的野生动物，也可防止湿气和雨水的侵蚀，对于野外露营的你来说，是紧急时刻的安全生活场所。

制作木屋只需要用绳子就可搭建。如果条件允许，还可以在树枝上裹一层布，起到保护作用。野外求生时，情况紧急，根本不用考虑使用钉子和螺丝。只要巧妙利用树杈和树枝就可以轻松制作木屋了。木屋很有安全感，在树干上搭一个小屋就可以称为一个能长期使用的家。

值得注意的是，一定要在万不得已的情况下才制作木屋，因为确保自身的安全才是首位。在木屋睡觉时有一定的危险性，掌握几点小知识将会大有裨益。

1. 穿着较为贴身的长衣长裤。以避免蚊虫叮咬及树枝扯挂，若衣服宽大，可以将裤腿、袖口扎起来。

2. 穿着合脚防滑的鞋子。当感到脚底疼痛时，迅速在痛处贴上一小片医用胶布，可以预防起泡。

3. 准备御寒衣物。野外气温会比室内低得多。

【技巧要点】

制作木屋只需要用绳子就可搭建。如果条件允许，还可以在树枝上裹一层布，起到保护作用。

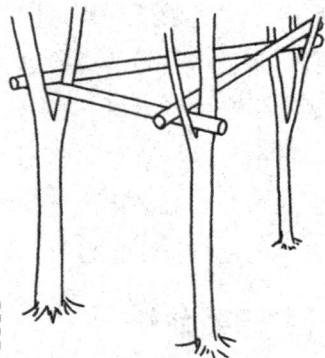

113

技巧 72　想舒适？做张吊床！

吊床是野外活动中轻便且易于携带的卧具，躺在在轻轻摇晃的吊床里，你可能会暂时忘记野外生存的疲累。

吊床的好处是可以预防地上爬虫，为防蚊虫叮咬可在床上加罩网。睡在吊床上要比睡在地面上面凉快，也许你会觉得吊床没有安全感，其实吊床自然摇晃，容易引起睡意，很快就能进入梦乡。

只要很简单的材料就能搭建吊床。你需要一大块足够牢固的布料，长度要超过你的身体。将这块布摊开，对折一下，在顶端和底部标出中心点。接下来，在一端将这块布料向两侧卷进5厘米的皱褶，就像你正在制作一把纸扇那样，让这些皱褶在中间位置回合，然后用支撑绳在中心点以下的地方将其扎紧。将"支撑绳"绳结上方的布料对折至绳结下方，牢牢扎紧，防止"支撑绳"绳结滑脱。在布料的另一端重复这一过程。然后你就可以把自制的吊床拴在两棵大树之间了。

使用吊床若仅仅是在野外临时休息，可不必将吊床拴得很紧。如果是用吊床在野外露营，则应把吊床尽量拉直拴紧，因人睡上吊床，由于体重的缘故，吊床会有较大的下垂和弯曲，睡在吊床里的人，身体也随之弯曲，时间长了很不舒服，将吊床尽量拉直拴紧可以减少吊床的弯曲程度，使睡眠比较舒服。另外，不要把吊床拴得太高，离地一米的高度比较合适，这样上下吊床时才方便。

由于吊床不像帐篷那样是一个独立的封闭系统，使用吊床在野外露宿，便存在蚊虫叮咬和被雨淋湿的问题。若想避免，可在吊床上面加块塑料布；寒冷时，可用毛毯将身体卷起来。

【技巧要点】

吊床适合炎热的气候，而不是寒冷地区。下雪的时候，别搭吊床。

第十章　自制用品和工具

　　在身逢绝境之时，能够利用周围的材料制作衣服和工具，绝对是一大惊喜。也许你所制作的大部分物件仅仅是简易的工具和粗陋的用具，也将使你的生存挑战变得容易许多。掌握自制生活用品的技能，不仅能让你在野外求生，而且能够确保你舒服地生活。

鲁滨逊的生活自制装备

　　鲁滨逊从最初落难荒岛时的痛苦和绝望中挣脱出来后，开始冷静分析自己的处境，他在岛上种植大麦和稻子，自制木臼、木杵，加工面粉，烘出了粗糙的面包。他还制作油灯、编筐、木板、陶器、铲子等等生活装备，保证了自己的生活需要……

　　每当杀山羊时，鲁滨逊就把羊油留下来，装在一个用泥土暴晒成的小泥盘里，再弄松麻绳后，取下一些麻絮做灯芯。这样就做成了油灯。除了油灯，鲁滨逊还做木板。他做木板的方法是这样的：选定一棵大树把它砍倒。砍树花了他三天的时间，再花两天把树枝削掉，这样树干就成了一根大木头，或者说是成了木材。然后用大量的时间慢慢劈削，把树干两边一点点地削平。削到后来，木头就轻了，这样就可以搬动了。然后他把削轻的木头放在地上，先把朝上的一面从头至尾削光削平，像块木板的板面一样；再把削平的这一面翻下去，削另一面，最后削成三寸多厚两面光滑的木板。

　　接下来下一个问题是，鲁滨逊觉得自己需要一个石臼舂粮食。他费了好几天的工夫想找一块大石头，最后发现根本找不到合适的石料，于是他放弃了这个念头，决定找一大块硬木头。他用大斧小斧把木头砍圆，当木头初具圆形时，就用火在上面烧一个槽，火力和无限的劳力，使得他终于把臼做成了。随后，他又用铁树做了一个又大又重的杵。

　　在料理家务的过程中，鲁滨逊发现还缺少许多许多东西，有些东西根本没办法制造，比如，他无法制造木桶，因为根本无法把桶箍起来。他花了好几个星期的功夫还是做不出一只木桶来，因为无法把桶底安上去，也无法把那些薄板拼合得不漏水。最后，他只好放弃了做桶的念头。

出于生活的需要，鲁滨逊又开始着手制造陶器。因为他要加工粮食，制造面粉，就必须要有盛器贮藏。他费了很大的力气去找陶土，找到后把土挖出来，调和好，运回家，再做成两只泥缸和各种大小的泥碗、泥罐。泥缸的样子非常难看，简直无法叫作缸。好在，太阳终于把两只泥缸晒得非常干燥非常坚硬。于是鲁滨逊就把它们轻轻搬起来，放进两只预先特制的大柳条筐里，防备它们破裂。在缸和筐子之间的空隙处，他又塞上了稻草和麦秆，这样一来，泥缸就不会受潮了。

陶器做出来了，但鲁滨逊还没有达到他的最终目的。因为这些陶器只能用来装东西，不能用来装流质放在火上烧。所以，他又开始研究着怎么烧制陶器。他把三只大泥锅和两三只泥罐一个个堆起来，四面架上木柴，泥锅和泥罐下生了一大堆炭火，然后在四周和顶上点起了火，一直烧到里面的罐子红透为止，而且十分小心不让火把它们烧裂。当看到陶器烧得红透后，又继续保留了五六小时的热度，之后再慢慢减去火力。鲁滨逊整夜守着火堆，只为了不让火力退得太快。到了第二天早晨，三只很好的瓦锅和两只瓦罐便烧成了。

当在岛上住了一些日子后，鲁滨逊为了扩大住所的空间，使生活更方便些，决定在帐篷后的岩壁上挖洞，然而挖洞的必备工具之一就是铲子。可他不知道怎样才能做把铲子，就去树林里搜寻。他发现一种树，树的木质特别坚硬，像巴西的"铁树"。他费了好大的劲才砍下了一块，几乎把他的斧头都砍坏了。他慢慢地把木块削成铲子的形状，铲柄完全像英国铲子一样，只是铲头没有包上铁，所以没有正式的铁铲那么耐用。不过，必要时用一下也还能勉强对付。就这样，鲁滨逊用铁树做成了一把铲子。正是因为有了这些自制的工具，当鲁滨逊捕获猎物时，虽然没有刀子，但用一片削薄了的木皮，就能把豹皮剥下来，比用刀子剥还快。

在杳无人烟的荒岛上，鲁滨逊在岛上定居了下来，过着寂寞的生活。但他很快战胜了忧郁失望的心情，并决定要解决生存问题。他依靠智慧和劳动，开始尝试制作简单的生活用具。其实，一开始他对如何做这些东西也是一筹莫展的，做任何一件生活用具和装备都花了很多时间一点点制作完成，中途遇到过很多问题和困难。譬如尝试了很多次一直都没有做成功的木桶，以及花了大量时间和体力才做成功的木臼。这是因为利用野外找到的材料制作工具，已经算是高级技能了，若不经过大量练习，根本不可能掌握。

当然，在长久地慢慢摸索和练习的过程中，在无数次尝试和失败后，鲁滨逊终于成功了。他自制的生活用品和工具为之后的生存提供了基础，他靠着自己的双手改变了生活。其实，在野外生存中最令人有成就感的事情就是制作工具和装备了。你的动手能力，会比你所想象的更有价值，因此，如果你能对一切事物都加以分析比较，精思明断，则可掌握任何工艺，你能制作出来的工具也会多到数不清。虽然做出来的工具会极其简陋，但很可能，它们就是在你野外生存受到威胁时最有用的工具。而这往往也标志着纯粹"生存"的结束和"生活"的开始。

技巧73 无所不能的刀具

无论是砍木头还是剥兔皮，甚至防卫野兽的攻击，这一切都需要一把好刀来帮忙。

刀可以被用于各种工作，但真正遇到求生的紧急情况时，却只有很少的人带着刀。在这种情况下，你可以通过天然材料以及其他一些零碎物品来制作一把可用于基本生存的刀具。它肯定不会像专业刀具那么完美，但它能帮助你完成一些基本的工作。警告：如果制作方法不正确，这种简易刀具是很危险的。当你使用这种简易刀具时，请始终确保向外切削。

在一根短短的、裂开的树棍之间，夹上一片玻璃或金属"刀片"，就能做成一把简易但却令人惊讶的锋利的临时刀具。"刀片"可以是去掉起子后的罐头边缘，它的边缘有很多锯齿，既能当刀片，又能当锯来用；还可以是易拉罐的罐口，用石头好好打磨易拉罐的罐口，它也会变得像刀子一样锋利。如果能用钉子或铁棒等把啤酒瓶盖稍稍加工一下，它也能够成为刮鱼鳞的"刀片"。还有一种刀片，可以通过对石块或石板的加工获得。至于树棍上的裂缝，可以通过一块尖锐的石块在树棍的一段小心敲打而得到，注意，裂缝的长度向下只能延伸到树棍长度的一半左右。等"刀片"插入树棍后，用一些绳索在树棍上紧密缠绕，以使"刀片"固定不动。

在制作刀具时，要小心碎片扎伤自己，建议穿长袖服装，带上皮手套。一开始的时候，不要在刀具上施加过大的力量。

【技巧要点】

一片玻璃或者一片金属物，或者一块天然的石片，都可以用来做"刀片"，将它们插入树棍的裂缝即可。

技巧74 用兽骨做把锯子

为了能在野外生存，你必须运用你的想象力。例如一块骨头，甚至可以变成一把有用的锯子。

锯子是一种很有用的求生工具，可以用来切割木块或骨头——在你的救生包里，应该有专业的钢丝锯。可是，如果你没有专业制作的锯子，你应该试着用骨头做一把。如果你注意观察，动物的骨头是比较容易找到的。或者在你杀死一头大型动物时，不要丢弃动物尸体。鹿角或其他动物的犄角可用作凿具、挖掘用具和捶打工具。而要想制作骨锯，最好的骨头则是鹿、熊、麋鹿或者牛等动物的肩胛骨。不过，你要首先检查下骨头上是否有裂缝，如果发现上面有裂缝，就不要再使用这块骨头，因为它的强度已经不足以做成锯子了。现在，用一块重些的大石头，将这块骨头从中间劈成两半，沿着骨头断裂处，你可以加工出锋利的边缘，这里将比骨头的其他地方更薄更锋利。用你的刀子，在骨头断裂的边缘切割出锯齿，这样就会形成一把锋利的锯子，用来割肉特别棒。记住，定期修整锯齿，另外，不要把锯齿加工得过大，否则，你的锯子将很难锯穿任何东西。

实际上，即使是小型动物的骨头也能派上用场：肋骨可削尖为钉；其他骨头可削尖，一头用火线灼烧一个针眼。这样就可做成一根简易的针。

【技巧要点】

打到的猎物不要丢弃，用小刀在它们的肩胛骨上切割出锯齿，就形成了一把锋利的锯子。

技巧75 用石头做把斧头

相信你在学生时代一定学习过"石器时代"那一段历史，在学会使用铁器之前，我们的祖先是用石头来做各种生活工具的。

寻找一块形状尽量接近于真正斧头的石头，一头最好是圆形的，不要太大，这样打磨起来会节省很多功夫。对于斧刃的部分，要用圆而硬的石子一点点地打磨，直到刃慢慢形成为止。总之要有耐心，慢慢来。然后在比较粗糙的石块（可选用砂岩）上洒上水，继续打磨刃部，直到形成斧刃的形状（刃部不必非常锋利）。接下来制作斧柄。把木头加工成棒球拍的形状，插入斧子的位置要宽些，凿洞的时候要小心，不要过大，让斧头不要松动。这样，把斧头插进去，石斧就做好了。

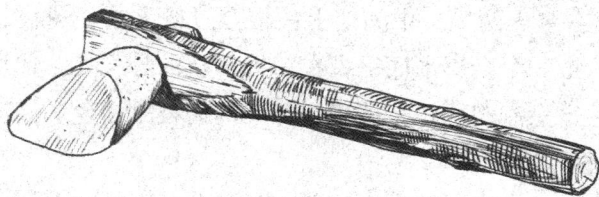

【技巧要点】

找一块圆形的石头打磨出斧刃部分，再在木头上凿一个洞，洞不要太大，将石头的圆形一端插入木洞中，一把石斧就做成了。

技巧76　说，想要什么餐具

尽管你身处荒郊野外，但这并不意味着你必须要像野兽那样吃东西。

简单的几样烹饪用具，不仅能让你的露营地更有家的感觉，而且能改善卫生条件。例如，用刀对小树枝进行切削，小树枝就可以变成叉子或汤匙。当你进行这种雕刻工作时，请根据木材的自然形状，并沿着木头纹理的方向切削，这对你的雕刻工作有很大帮助，且使你做出来的工具更加坚固更加防水。适合于雕刻的好木材包括梧桐、白蜡木（俗称水曲柳）以及紫衫。要制作一把勺子，先砍下一段树枝，这段树枝上要有一段分叉。分叉可以用来雕刻成勺子的手柄，而勺子的凹陷处可以顺理成章地通过树枝厚厚的主干制成。你还可以利用树上的瘤做成杯子。这种很大的树瘤长在树干上，将它割下并掏空，你就得到了一个杯子。将两根Y形的树枝放在篝火两侧，中间架上一根穿过篝火的长树枝，这又能成为一个烤肉架。此外，把一个金属平底锅绑在一根树枝的分叉处，便形成了一把简易的长柄锅，可以用来烹制肉或鱼。请确定分叉的树枝是绿色和潮湿的，以免将它伸入火中时燃烧起来。

另外，竹子也是不错的餐具材料。在竹子的关节处之下砍一刀，然后再在下一个关节处之下砍一刀。这样你饮水的容器就做好了，但要记住磨平竹筒边缘，以免开裂的细条刺破嘴唇或口腔；如果将竹筒纵向切成两半，那么每一半都可以当成盘子使用；如用刀将竹子削尖，还可以制成牙签、叉子、筷子、缝衣针、锅铲、烧烤用的烤串等等。

【技巧要点】

> 充分利用树枝的分叉和它自然的形状，顺着它的纹理雕刻，就能制作出各种餐具了。

技巧 77　纯天然的树皮容器

你收集了很多浆果和坚果以备食用，那么，你如何收纳它们呢？试试你的野外生存技能，用树皮做一个很实用的容器吧。

把一块桦树皮切成正方形，然后把它浸泡在水中，使这块树皮变得柔韧可用。等你完成了这一步，就将这块树皮的边缘向上折叠，高度约为5~8厘米。将四角向内折叠，用树脂将其黏合——你可以在松树或桦树的树干上找到这种黏合剂。你还可以将这种树脂涂抹在完成的作品上，这样可以使它具备防水功能。等这个容器的四角略干后，找一些短树枝，把它们纵向劈开——裂缝只到树枝的一半长度，然后，让这些树枝发挥夹子的作用。等这个容器彻底干后，移去夹子。运用想象力，再加上一些练习，你可以用树皮做出形状不一的容器。可是，再练习中，请使用已经倒下的树木的树皮，因为从活着的大树身上割下树皮，会让它们严重受伤。

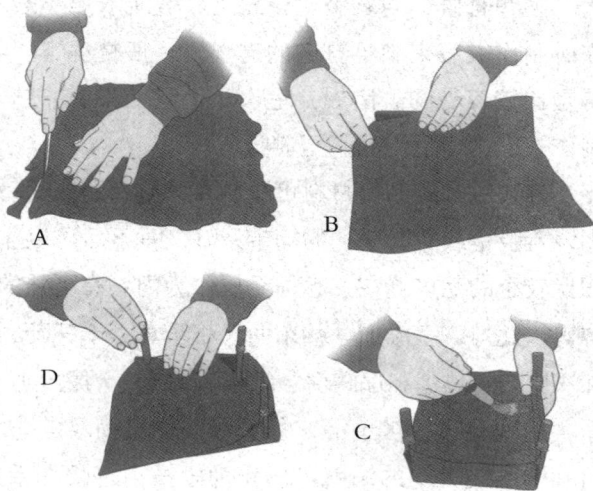

【技巧要点】

利用一大块树皮切成正方形，将四角围起来，用树脂粘牢，再用劈开裂缝的树枝夹起来，一个结实牢固的容器就做好了。

技巧 78 做个野外小裁缝

如果需要在野外生活很长时间，就应该学会制作暖和耐用的衣服。发挥自己的想象力吧，你也可以将天然的材料添加到衣服里面去。

　　某些时候，当衣服比较缺乏，或者衣服不合身的时候，你可以利用多种方式临时制作衣服来满足自己的需要。一般情况下，毛皮不易取得，而织物纤维的取得是比较容易的。诸如：毛巾、毛毯、桌布、垫子、窗帘以及座套等都可以用来制作衣服、床上用品甚至避身所。

　　碎皮绒和碎布等材料可缝制在一起，制成简易的外衣。长长的叶子和织物纤维围绕着腰带或者脖子上的箍带系好，垂下后可以作为草衬衫或者斗篷。用皮线把体积比较小的毛皮缝在一起，毛皮作为内衣有更强的隔热性，作为外套也可以更好地防雪。此外，多添加一些东西，将干草、干苔藓，或是落叶夹到衣服之间，也可增加衣服的隔热性和保暖性。纸张、羽毛、动物毛皮均可用来添衣取暖。

　　用塑料布、被单等，你可以制作出简易的防水雨披。在塑料布或者被单上割出一个脑袋大小的洞就可以作为雨披，在腰部系紧，或者用皮带捆好。此外你还可以割取大片的桦树树皮。削掉树皮外层，将光滑柔软的内层缝制在衣服外面，许多雨水就可以顺着它滑走，这就是件简易的雨衣。其他一些容易剥皮的光滑树皮，也可以用来制作雨衣。

【技巧要点】

碎皮绒和碎布等材料可缝制在一起，制成简易的外衣。
用塑料布、被单等，你可以制作出简易的雨衣。

技巧 79　快速做一双简易鞋

　　如果没有鞋子，你将寸步难行。可在野外，你的鞋子通常会因为这样那样的情况而破损，甚至丢失，所以，你要试着用身边的材料做一双合脚的鞋子。

⊙ **简易鞋**

　　把废旧的轮胎、厚橡胶、厚皮草等材料切成比脚稍大的长方形，在上面钻三个孔，用布条或绳子来做夹脚用的带子。用布条做时，要把布条撕得细些，用数根捻成一根来穿带子，这样就不会磨疼双脚。如果身边没有这些材料，只有布的话，就将一块正方形的布对折成三角形，用它来把脚包上系紧来代替鞋子。在脚和布之间塞一些瓦楞纸或海绵可以使行走变得更加舒适。此外，你还可以用木板做一双木屐，只要在木板下面用橡胶贴上两颗"木齿"就行了。夹脚的带子和上面做鞋用的带子相同即可。

【**技巧要点**】

　　废旧轮胎、厚橡胶、厚皮草、木板，甚至是一块布，都能做成一双简单的鞋子，鞋带可以用布条或绳子。

技巧 80　自制"动植物绳索"

用野外生存的术语说，我们做的是"绳索"，而不是"绳子"。但无论怎么称呼它，从搭建棚屋到制作弓箭，它都是非常重要的工具。

　　一根简单的绳索可以用坚韧灵活的植物茎或草编织而成，尽管这样的绳索并不是最牢固的。另外，树皮也是制作绳索很好的材料来源，尤其是像柳树或菩提树。切下一块长条形的树皮，将这块树皮切割成细条状，把它们放在露天处吹干。当你需要使用时，把这些细条状的树皮浸泡到水中，使其柔软可用，然后就可以把它们编成绳子了。制作绳索，还有一个类似的方法，可以使用动物的肌腱。肌腱是动物身体组织内最强韧的部分，用于连接肌肉和骨头。当一头动物刚刚被打死没多久时，你可以切割出它腿里的肌腱，然后将它晒干。接下来，反复砸这些干燥过的肌腱，直到里面的纤维出现，接着，用水浸泡这些纤维束，将它们拧成一股连续的绳。若是想要更结实的绳子，那就把单一的绳股编成辫子。

　　此外，动物的皮也是制作绳索的合适材料。除去粘在皮上的脂肪及肌肉，将其晒干，铺平后切成细条，再编成绳索。最重要的是，无论你用什么做成的绳索，千万别试图用它去攀爬，因为自制绳索的强度绝对无法与专业绳索相比。

【技巧要点】

　　植物茎、草、树皮、动物肌腱、动物皮……都是制作绳索的合适材料，它们经过晒干和浸泡的处理后，就能编成简易的绳索。

技巧 81 可别小看"绳结"

　　我敢打赌，你肯定会打一些简单的绳结。但你可能不相信打绳结对野外求生的重要性，如果你试着制作一个木筏或棚屋，你就会改变自己的想法。

　　我们平常所打的那种简单的绳结，叫反手结，又叫死结，它的缺点是难解开，特别是细绳索，所以它不一定是有用的救生结。最好的绳结是那种容易结扎，但又非常牢靠的绳结。不仅如此，在必要的时候，它们还应该能很容易地解开。绳结最重要的功能之一就是将两根绳索扎在一起，这一点对野外求生非常重要，因为你通过自制而得到的绳索通常都比较短。

　　这里展示几种常见的打结方法：

⊙ 平结

　　平结是最基本的打结方式，它可以将两根绳索连在一起。首先，将两根结的绳端并在一起，但指向相反方向。其中一根绳的绳头可以从另一绳的绳身下穿过，将两绳头从首次交接的地方分开，之后再打结。一旦每根绳的绳头与其绳身平行，则两端就可系紧。记住每个绳端都得与各自绳身平行。平结在拉力下会变紧，但就算打得再紧，只要把其中一根绳子向相反方向拉，就可以从打结处轻易把节解开。平结适用于联结粗细与材质完全相同的两根绳索，绳索的粗细或材质不同时则容易散开，而且，平结不适用于尼龙绳，因为会滑掉，这是它的缺点。此外，在急救时，平结也适用于固定伤员。

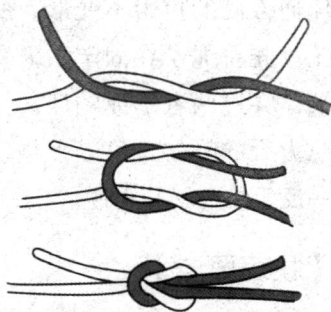

⊙ 单编结

如果绳索粗细不同，材质不同，那么你就要用到单编结了。单编结是从平结变化而来的，比平结更为牢固。它的方法是：将粗绳弯曲成环，细绳向右，从后面绕过，再穿过这根绳子与另一绳间的环，然后拉紧。此结解开的时候非常简单，将粗绳两边一拉开，就能将细绳放松。但要注意，细绳的两端要另外打一个结固定，防止绳索因受力而滑脱。

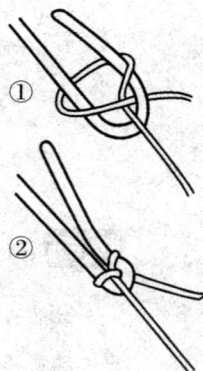

⊙ 渔人结

渔人结据说是海边渔民发明的，用来连接鱼线、尼龙、塑料绳等比较滑的绳索。方法很简单：两根绳索平放，活端相反，各在另一绳索上打个反手结，然后相向拉紧，再互相打个反手结，系紧两结。这种结的缺点是不容易解开，且在粗笨的绳索上也效果不好。

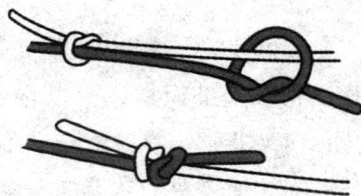

⊙ 索结

索结多用于将绳索固定于柱子上，它可以承受任何方向的拉力不变形，所以也常用于在弓箭上绑弓弦。先将绳子在固定物上绕两至三圈，将活端绕过长端，穿过两者形成的环，拉紧，再重复一遍。在承受拉力大的时候，可以多绕几圈，最后活端在长端上系一反手结，防止滑脱。

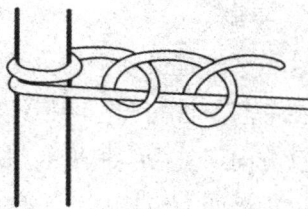

【技巧要点】

平结适用于联结粗细与材质完全相同的两根绳索；单编结适用于粗细不同，材质不同的绳索；渔人结适用于比较滑的绳索；索结多用于将绳索固定于柱子上。

第十一章 当你不得不渡河时

在江河众多的区域，有时候你不得不渡河。如果水比较浅，你可以不需要依靠漂浮工具即可徒步通过水道；如果水较深，你可以通过游泳的方式泅渡；但如果水道太长，水流又深，那么你只能自己制作稍微有点难度的木筏、小船等涉水工具了。你知道得越多，掌握的渡河技巧越多，那么在面对水流的时候就越镇静，你生存下去的机会也就越大。

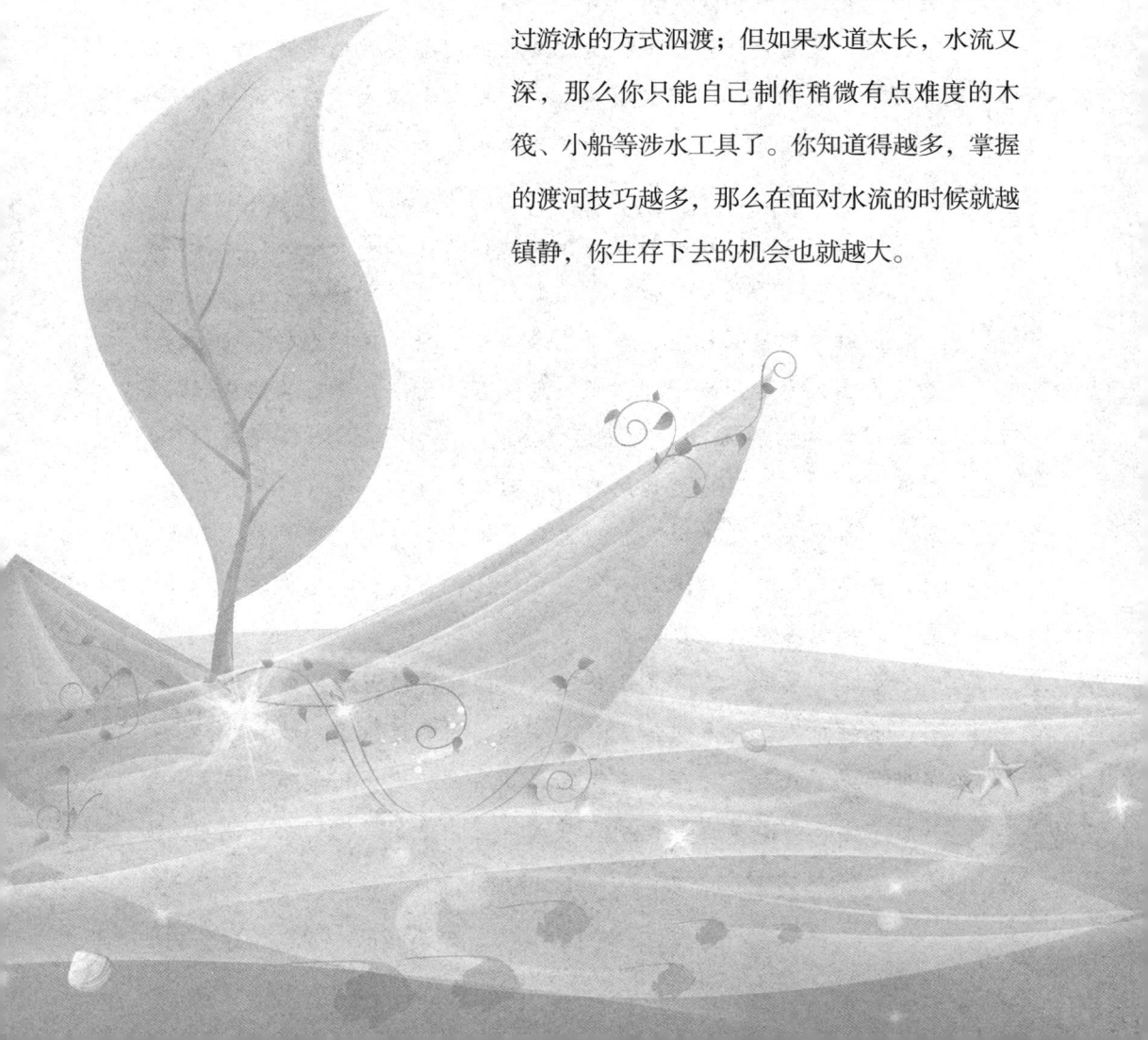

鲁滨逊造独木舟

　　为了能到达荒岛对面的大陆，鲁滨逊也想和土人一样造独木舟。他思船心切，立即着手工作。他用尽全力砍倒一棵大柏树，这棵柏树巨大无比，靠近树根的直径达五英尺十英寸，在二十二英尺处直径也达四英尺十一英寸，然后才渐渐细下去，并开始长出枝杈。他相信，连所罗门造耶路撒冷的圣殿时也没有用过这样大的木料。他费尽辛苦才把树砍倒：用二十二天时间砍断根部，又花了十四天时间使用大斧小斧砍掉树枝和向四周张开的巨大的树顶，这种劳动之艰辛真是一言难尽。然后，他又花了一个多月的时间又砍又削，最后刮出了船底的形状，使其下水后能浮在水上。这时，树干已砍削得初具船的形状了。接着他又花了将近三个月的时间把中间挖空，做得完全像只小船。在挖空树干时，他不用火烧，而是用槌子和凿子一点一点地凿空，最后确实成了一只像模像样的独木舟，大得可乘26个人。这样，不仅他自己可以乘上船，而且可以把他所有的东西都装进去。这么一算，鲁滨逊花了差不多半年的时间来造这只独木舟。可是，这只独木舟太大，虽然它所在的位置离水仅一百码，但鲁滨逊想尽办法，费尽力气，都无法使船移动一步。

　　又过了几年，鲁滨逊吸取教训，打算在沿河的地方再凿一只更小的独木舟。他和星期五一起寻找一棵靠近水边的树，最后，星期五终于找到了一棵。星期五打算用火把这棵树烧空，造成一只独木舟，但鲁滨逊教他用工具来凿空。鲁滨逊把工具的使用方法告诉星期五之后，星期五立即很机灵地使用起来。经过一个月，他们终于把船造好了，而且造得很好看。鲁滨逊教星期五怎样使用斧头后，他俩又用斧头把独木舟的外壳砍削得完全像一条正规的小船。这以后，他们差不多又花了两星期的工夫，用大转木一寸一寸地把小船推到水里去。一旦小船下水，他们发现它载上二十个人也绰绰有余。

船下水后回旋自如，灵巧又敏捷。可是，鲁滨逊对船另有设计。他要给独木舟装上桅杆和船帆，还要配上锚和缆索。他选了一根笔直的小杉树，又从烂掉的旧帆布中间找到了两块看上去还不错的帆布，于是就动手用来做船帆。因为没有针，缝制起来十分费力费时。他花了不少力气，才勉强做成一块三角形的东西，样子丑陋不堪。做好的船帆像英国的三角帆，用的时候，帆杆底下装一根横木，船篷上再装一根横木，就像大船的救生艇上装的帆一样。此外，鲁滨逊还配上小小的桅索以帮助支撑桅杆。他在船头还做了个前帆，以便逆风时行船。尤其重要的是，他在船尾还装了一个舵，这样转换方向时就能驾驭自如了。

其实，鲁滨逊的造船技术并不能算高明，然而他所知道的这些东西已非常有用，且是必不可少的，因此他也就不辞辛劳，尽力去做了。在制造过程中，他经历过惨痛的教训：花了半年时间打造的独木舟，因为无法拖到岸边而不得不放弃。这使他非常伤心，但也让它明白一个道理：做任何事，若不预先计算一下所需的代价，不正确估计一下自己的力量，那是十分愚蠢的！当然，也正是在几经试验和失败之后，鲁滨逊最后才终于成功地造出了一只能下水的独木舟。

技巧 82　徒步渡河要小心

在比较宽大的溪流或浅河，水深不超过一个人的腰部，水流不急的情况下，你可以考虑徒步过河。

在渡河之前，首先你要观察水道，往水流中扔漂浮物，例如树枝，观察水流速度。尽量扔到水流中心最急的地方，默读秒数，观察漂浮物单位时间内被冲过的距离。如果速度超过4米/秒，水深又超过髋部，那就代表渡河很危险了。在渡河前先选择好线路，不要逆流向上游走，要顺着水流斜向下前进。并且，为了使渡河尽可能地安全，先砍一根长点的、牢固的树枝，树枝至少要跟你的身高一样高。然后，找一个安全的下水地点，对面的河岸必须坚固，而且不能过于陡峭以至于难以攀爬。理想状态下，渡河的地点应该是你能看见的浅水处，且应该避开河水在礁石四周急速奔流以及有漩涡的地带。最佳的渡河点一般都在河道的拐弯处，因为如果你滑倒，你肯定希望被河水带到附近的河岸处。

渡河时，穿上靴子并挽起裤脚，或者直接脱掉裤子，因为水流会拖拽长裤。把树枝插入你上方的河底（逆流），水流会把它推入河床，而树枝也会部分地减弱河水对你双腿的冲击。猫着腰踏进河水中，一步步地慢慢过河。

如果你有两名同伴，甚至更多，那么渡河的安全性就大大提高了。集体渡河的时候可以用绳索将大家联系起来，万一有人站不稳，其余人可以提供支撑点，直到他再次站稳为止。

【技巧要点】

渡河前一定要仔细观察水道，判断水流速度，并寻找合适的通过点。集体渡河则需要大家有团队合作精神，大家要互相帮助，集中精力，以应付可能的突发事件，尽量防止有人摔倒。

技巧 83 看有几个救生圈

筏是渡过水道的一种有力工具，它可以尽可能地保护装备不会浸水，如果你的装备中恰好有救生圈，几个救生圈就可以组成一个简单而有效的筏。

救生圈筏适合于水流比较缓慢的渡河和漂流，它的制作方法很简单：用两根竿子绑起来兜住底部，再把救生圈绑在竿子上面就可以了。如果你有足够长的绳索，渡河时在筏的两端都绑上牵引绳，两边互相拉动筏，能加快渡河效率，但是请注意，牵引绳不能直接绑在救生圈上，而应该绑在竿子上。

救生圈可以绑一个，也可以绑很多个，这要看你的装备情况。如果你只有一个救生圈，那么就把装备放进去，你就辛苦点泡在水里扶着救生圈渡河。一般来说，两个救生圈做成的筏，它的浮力可能也不足以让一个成年男子坐在里面享受撑筏的乐趣，因为装备中的救生圈一般都比较小，但如果是卡车内胎那样的救生圈则肯定没问题。用三个救生圈制作筏要做成品字形，这样可以保持平衡。三个救生圈差不多就可以装下一套装备和一个人了，如果有两个人的话，那就只把装备放进去，两人则各扶一个救生圈，用脚打水前进。

救生圈筏的缺点是受力不平衡时容易倾覆，所以要注意平衡。另外，使用绳索捆扎筏时松紧要适中，太过于用力有可能会使救生圈气压过大而爆炸，特别是材质较薄的救生圈。

【技巧要点】

一个救生圈绑在两根杆子上固定，就可以做成一个简易的救生圈筏。但救生圈筏的缺点是容易倾覆，所以装备和人保持平衡最重要。

技巧84　用防水布扎筏子

搜索你的装备，如果没有救生圈，那么防水布也可以用来制作简易的
筏，它能让你渡过比较平缓的水道。

制作防水布扎筏的原料是树枝、绳索、防水布。砍出结实的树枝，捆扎一个
合适的方形框架，用防水布包裹起来，四角扎紧。将背包放进筏里，开口用绳索
对角拉紧，形成一个皮筏。在有条件的时候，还可以在筏底部捆绑上圆木，以增
加筏的浮力和平衡力。

在制作筏的时候，许多人都会发现一个严重问题，那就是捆扎的方形框架可
能会在受力时扭动，这与你选择的材料强度不够和捆扎的手艺有关。请你先回忆
一下初中几何学的课程：三角形是最稳固的图形，OK，问题解决了，方形框架的
直角捆扎处，可以扎上一根短树枝，把直角连接变为三角形。

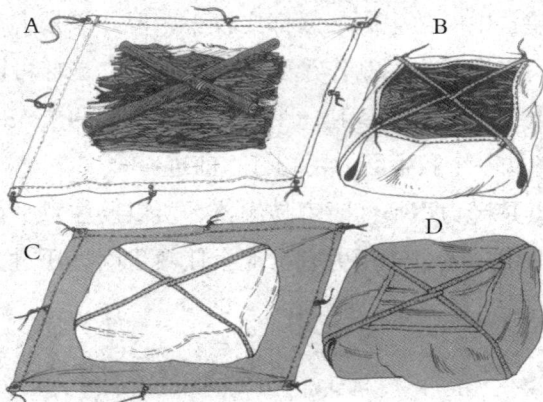

【技巧要点】

制作防水布扎筏，框架的稳固是个难点，捆扎方形框架时可在四个直角
扎上一根短树枝，这样框架就不会在受力时扭动了。

技巧 85　做个草筏去漂流

你肯定不会用一只草筏去跨越大海，但是，你可以带着它下河。现在，是使用这个快速而又简易的草筏进行漂流的时刻了。

制作草筏最重要的是需要一到两张大而牢固的布料，越多越好，越大越好，最好是防水布料，例如防潮布或帐篷布。把一块较小的布铺在地上，在中间铺上一堆植物——短木棒、芦苇秆、树枝等，只要是能浮起来的任何东西都可以。现在，把两根短而牢固的木棒扎成十字架的形状，放在这堆植物上面。用绳子把整个"包裹"扎牢固，然后把这个包裹放在另一块更大的布中间，用这块大点的布把它包裹起来，并用更多的绳子把它牢牢扎紧。这种草筏的大小和稳定性并不足以用于在河中进行大的冒险，但可以用来在安静平缓的河水中进行短距离旅行。操纵草筏的最佳办法是使用船桨或者可以一直插到河底的长木棍。

【技巧要点】

制作草筏需要很多防水布料，要么有一大张，要么有足够多的小张，这在野外算是一个比较奢侈的数量。所以，能否做草筏要视你的装备情况而定。

技巧86　关键时候靠木筏

如果要利用水路前进，救生圈和防水布做的简易筏显然难以满足要求。哪怕是水流平缓的水道中，长时间将身体泡在水里也是一件难以忍受的事情。简单的筏只适用于渡过平静的水道和在水路中短途漂流，如果你想顺流而下，必须懂得制作更复杂的筏。

当你要渡过河流、湖泊，甚至海洋时，只有做船或木筏了。船需要的材料可能比较多，不过木筏应该还是可以独自完成的。最简单的木筏，是用绳子将木头或竹子绑成的。它是最理想的漂流工具，用它来应付不很湍急的河水或海流还是绰绰有余的。当然，前提是你制作的筏必须足够结实。相对而言，竹筏比木筏更容易制作，因为要想找到足够的圆木并不容易，而竹子的加工也远比木头容易得多。

⊙ 无横木筏

将圆木或竹子并排放置，将绳索对折，绳索对折后必须长于筏的宽度，这样就分成了1和2两段绳索。先用绳索在第一块圆木上绕两层，互相绑两个死结，拉

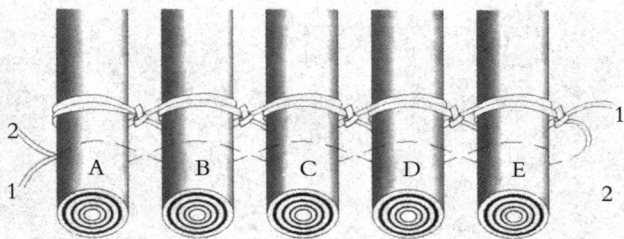

紧。绳索1段在第二块圆木上绕一圈，与绳索2段绑两个死结。然后绳索2段在第三块圆木上绕一圈，再绑两个死结。依此类推，要用尽全力使圆木或竹子靠拢。做好一头后，再使用同样的方法捆扎筏的另一头。如果绳索太长，不要冒险截断绳索，你只需将绳索在圆木上呈8字形反缠回头，继续捆绑。记住，一根长绳比若干短绳用处更大。

⊙ 夹筏

夹筏是制作起来最快速的一种筏。如果你没有足够长的绳索，只有少量短的捆扎绳，这更是你不二选择。在准备好足够的圆木后，你还需要砍4根横木。将两根横木一头用绳索捆扎好，夹住圆木，用尽力气将横木两头扎紧，牢牢地夹住圆木。如果找不到横木，也可以用刀在圆木上横劈出一段凹槽，两端留出20~30厘米，这样中间就形成了一个平整的面。之后再用绳子在横木和圆木汇合处打结并捆绑好，使其加固。如果你有时间，还可以照葫芦画瓢，在筏的中间再夹上一道或两道横木以加固。

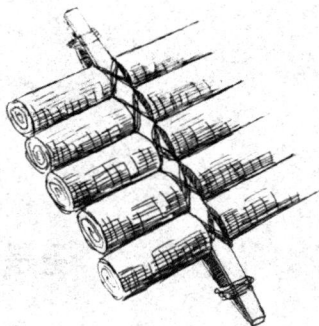

无论是无横木筏还是夹筏，如果是在水流不急、水不太深的情况下，使用长杆就足以操控——两人呈对角站立在筏的前后端，手持长杆撑筏，或一人在筏尾使用长杆，以掌控筏的前进方向。但在水深和水流较急的情况下，长杆的操控就不那么可靠了，此时你需要一个舵。将长度为30~40厘米的树枝绑成十字形状，插到筏身部分的圆木中，就可以起到舵的作用了。

此外，不少人都觉得应该给船加个桅杆，扬起帆。其实，建一个能挡光供人休息的船舱更加实用。船舱最好能有足够你躺下的空间，这样可以使你免受紫外线和夜晚寒冷的侵害。如果需要长时间漂流，那么事先在船上做一个简易的炉灶会更方便。送船入水时，需要找两根圆木来搭一个滑轨，作为入水台。如果木筏较大，则应先做好入水台，再将木筏放在台子上面组装。

制作木筏时需要注意的是，筏的长度一般为3~5米，太长的筏难以操控。如果人数众多，最好多扎几个筏，不要只扎一个大筏就全部挤上去。使用筏前进时，最好用安全索将人和筏联起来。安全索的长度不要太长而使你落入水中，也不能太短而限制你的行动。

【技巧要点】

木筏其实就是竹木和绳索的联结，制作时一定要确保船身的每一根竹木都紧凑地挨在一起，并且要多使用几道绳索捆绑，以保证木筏的稳固。

技巧87　还是平底船最好

　　做一艘像模像样的船的确很难，但一只简易的平底船你一定能做好。为了能在海中长时间漂泊，你不得不相信，简易的平底船才是最好的交通工具。

　　首先，找两块300厘米×30厘米、厚度为1.5~2厘米的木板作舷侧板，几块10厘米×90厘米、厚度约1.5~2厘米的木板做船头和船尾的木板，用若干块长90厘米的木板搭在船底，作为船底板。底板厚度为1.5~2厘米，和手差不多即可。粘底板时要注意一定要紧紧地粘起来，中间不要留缝隙。在钉船头和船尾部分的底板时，要把粘好的木板多余的部分斜着削去一部分，粘时同样不要留缝隙。船底部粘好后，将船翻过来，开始粘内侧的底板。内侧底板为150厘米×30厘米左右，用来加固船底。现在，安好浆槽和座位，在船头和船尾粘好座位（即防波板），一条船就做好了。浆槽一定要用胶水固定好，多钉几颗钉子，以防脱落。浆可以用拖把的木棒来做，将木棒前端削平，再找一块木板粘在上面，钉上钉子，就是一副浆了。最后，在船的内外两侧刷两次油漆，每块木板都要刷到，底部再多刷一次，这样，船就十分安全，不会进水了。

【技巧要点】

　　做平底船的关键，在于不能留缝隙，船底的每一块木板都要粘得严丝合缝。木板连接处多余的部分也要用小刀削掉，以保证紧密连接，最后再在船的内外两侧刷上两层油漆。

第十二章　野兽出没，请注意！

　　在野外，自然栖息的动物并不是天生就凶残的，但确是潜伏在四周的危险。如果你侵犯或惊扰了它们，而没有意识到一些警示信号，从安宁到灾难也就是一瞬间的事。反之，如果你能及时识别危险信号，并且能采取恰当的措施，防止形势进一步恶化，就能避免事故和伤害。

鲁滨逊遭遇猛兽

在流落荒岛的日子里，鲁滨逊曾遭遇过无数次猛兽的袭击，最危险的一次，他和同伴们遭到了300只狼的围攻。不过，也有他主动去攻击野兽的时候，还有的时候只是纯粹为了取乐。幸运的是，这一切都有惊无险。

有一次，鲁滨逊和他的同伴看见一头巨狮正在小山下睡觉，他先让同伴去把它打死，同伴不敢，他便自己拿起一支大枪，对着那狮子的头开了一枪。但那狮子躺着时，前腿稍稍往上抬起，挡住了鼻子，因此子弹正好打在它膝盖上，把腿骨打断了。狮子一惊，狂吼而起，但发觉一腿已断，复又跌倒在地，然后用三条腿站立起来，发出刺耳的吼叫声。鲁滨逊见自己没有打中狮子的头部，心里不由暗暗吃惊，这时，那头狮子似乎想走开，他急忙拿起第二支枪，对准它的头部又开了一枪，只见它颓然倒下，轻轻地吼了一声，便在那儿拼命挣扎。这时，他的同伴胆子大了起来，手里举着支短枪跑到狮子近前，把枪口放在狮子的耳朵边又开了一枪，终于结果了这猛兽的性命。这件事对于鲁滨逊来说实在是玩乐而已，因为狮子的肉根本不能吃，唯一的好处就是可以把狮子的皮剥下来，晒干后当被子盖。

还有一次，鲁滨逊的仆人星期五和一只大熊展开了一场最大胆、最惊人、最后却使大家开怀大笑的大战。这是一头身躯异常庞大的熊，可星期五见到它不但不畏惧，反而显出精神百倍的神气。"啊！啊！啊！"他连叫了三声，又指着熊对鲁滨逊说，"主人，你允许我吧！我要和它握握手，我要叫你们乐一乐！"他捡起一块大石头向熊的后脑丢去，正好打在熊的头上。当然，这一点也没伤着熊，就像打在一座墙上。可是这样一来，他的目的达到了。熊感觉到有石头打它，并看见了星期五，登时转身向他追来。那熊迈开大步，摇摇摆摆，跑得飞快，差不多和马小跑一样快。星期五撒腿就跑，朝一根大树跑去，并敏捷地爬上了树。

熊的身子笨重，但爬起树来却像猫一样灵活。它和星期五爬到了同一根树枝上，星期五在枝梢上，它则朝着星期五爬去。"哈，"星期五对鲁滨逊说，"现在你们看我教熊跳舞。"于是他在那树枝上大跳大摇，弄得熊摇摇欲坠，只好站住不动，并开始往后回顾，看看怎样能爬回去。鲁滨逊看到这样子，果然开怀大笑起来。但星期五玩熊才刚刚开个头。他看到那熊站着不动了，就又去招呼它，仿佛相信熊也能讲英语似的。"嗨，怎么啦！你不过来了？请你再朝前走吧！"于是，他不再摇摆树枝了。那只熊也似乎明白他的话似的，又向前爬了几步。可星期五又开始大跳大摇，那熊又站住了。如此这般，星期五在树枝上大跳大摇了好一阵子，那只熊趴在上面，东倒西摇，引得鲁滨逊笑了个够。最后，星期五爬到树枝的末梢，那地方只要用他的体重一压，就会垂下来。他轻轻从树枝上滑下来，就在熊的后腿刚要落地时，他迅速拿起枪，把枪口塞进熊的耳朵，一枪就把它打死了。

如果说狮子和熊对鲁滨逊和他的同伴们来说只是小事一桩，那么被300只狼包围，可就没那么轻松了。有一天，鲁滨逊和他的同伴们正欲穿过一片树林，突然，一群狼将他们团团包围，想以他们一行人马果腹，狼的数量足有300多只。值得庆幸的是，在离树林入口处不远，正好堆着一大批木料，这对他们的行动非常有利。鲁滨逊把他的这一小队人马开到那堆木料后面。那儿有一根木头特别长，他就把队伍在那根长木头后面一字排开。他让大家都下马，把那根长木头当作胸墙，站成一个三角形或三边形的阵线，把他们的马围在中央。幸亏他这样做了，因为这群饿狼向他们发动了攻击，其凶猛程度在狼害为患的当地都是罕见的。

狼群嚎叫着向他们扑来，窜上了那根长木头。鲁滨逊命令他的队伍分两批开火，一人隔一人放枪。他们都瞄得很准。第一排子弹开出去，就打死了好几只狼。可是，他们不得不连续开火。这批恶狼犹如恶魔一样，前仆后继，不知死活地向前猛冲。等第二排枪放完后，他们以为狼群暂时停止了进攻，可不一会儿，后面的狼又冲上来了。他们又放了两排手枪子弹。这样，他们一共放了四排枪。鲁滨逊相信，他们至少打死了十七八只狼，打伤的大约多一倍。可是，狼群还是蜂拥而来。

鲁滨逊见此情形，就交给星期五一项重要的任务。他给了星期五一些火药，命令他沿着那根长木头把火药撒下去，撒成一条宽宽长长的火药线。狼群一冲过来，他就立即抓起一支没有放过的手枪，贴近火药线开一枪，使火药燃烧起来。这样一来，冲上木料的几只狼就被烧伤了；其中有六七只由于火光的威力和惊恐，竟连跌带跳地落入他们中间。他们立即把它们解决了。而其他的狼也被火光吓得半死，加上这时天已黑下来，火光看起来就更可怕了，狼群不得不后退了几步。这时，鲁滨逊下令全体人员用手枪一起开火，然后大家齐声呐喊。这才使那些狼掉转尾巴逃跑了。

实际上，在大自然，动物们大多数都是与人为善的，而人类想要确保自己安全的最重要一点就是"小心行事"。像鲁滨逊那样猎杀狮子的行为，最好不要效仿，因为很可能引火烧身，况且，即便是有足够的枪支弹药，也应该尽量节省使用，想要生存下去，就不要拿生命去冒险。至于星期五戏弄熊，是由于他有着长期和熊打交道的经验，知道熊的脾气，所以才敢这样。在现实中，如果真的在野外遭遇熊，可千万不能模仿，不要自找麻烦。除此之外，鲁滨逊大战狼群的经历也告诉我们，遭遇野兽攻击，要沉着冷静，充分利用周围环境，抓住野兽的弱点，采取合理的防御措施，这样开战才会少吃点亏。

技巧 88 用盐"贿赂"狼

关于狼的传说和故事太多了，而且大多数都表现了狼的凶狠。其实，狼是被妖魔化了。

其实在野外遇到狼的机会并不多，山林中狼的分布已经很少了，只有内蒙古草原上还有少量的狼。草原上的狼群比较庞大，而丛林中的狼群则小得多，多数为三五成群；体型也比草原狼小，有时候会被误认为是流浪狗。

狼是一种很好奇的动物，大多数情况下，它只在远处看着你。狼也是很有耐心的动物，为了食物，它能奔走百公里。狼盯着你几个小时并不是什么出奇的事情，不要管它，干你自己的事情，只需要用眼角的余光告诉它：我看到你了。

如果你有足够的食物，将食物扔在营地外贿赂它。但如果狼要进入你的营地，一定要警告它，敲击金属制品是很严厉的警告。如果你没有足够的食物，用树叶包裹一点盐投在营地外，狼会很感激你。

在被狼群追赶的时候，慌忙逃跑并不是好办法。这时，注视着狼的一举一动，你的视野应该宽阔，不要只盯着一只，否则，其他狼会从身后或者侧面攻击你。然后，缓慢地撤退，在撤退的时候，将盐洒在地上，狼会为了盐而放弃追踪。

【技巧要点】

让狼意识到你已经注意到了它，这样它就不敢轻易对你发动攻击。学会用一些措施，吓跑或者甩掉狼。

技巧89 假如和熊巧遇了

任何凶猛的动物，都是我们在野外不想碰到的，而熊肯定是其中最糟糕的一种。

⊙ 黑熊和棕熊

熊可以分为两种：黑熊和棕熊。它们的区别不在颜色上，因为黑熊也有棕色的，而棕熊也有黑色的。它们的主要区别在于，棕熊的肩膀肌肉明显隆起，而黑熊却不是。棕熊的前爪更长，颜色更浅一些。棕熊的面部下凹，而黑熊的鼻子扁平，耳朵更大、更尖。棕熊通常比黑熊体型更大，一般也认为棕熊远比黑熊更具有攻击性。

熊能分辨颜色，视力类似于人。熊的嗅觉和听觉十分灵敏，能指引它们找到食物、发现入侵者并对其他危险作出警觉。以熊的体型而言，它们的奔跑速度相当快，在奔跑中可以轻松超越人类。黑熊是爬树高手，而棕熊普遍缺乏这一技能。因此我们可以知道，星期五戏弄的那只大熊，是一只黑熊。

熊非常聪明，且充满好奇心。它们天性并无恶意，但在捍卫食物和家庭时，会表现得坚决而残忍。熊在察觉到威胁靠近时，会立刻进入防御状态。它们通常竭力避免与人类相遇，可一旦它们在人类活动范围内安家，或者已经习惯了人类存在时，行为就会变得大胆而不可预测，有时候甚至是主动好斗而且是掠夺性的。

⊙ 避免遭遇熊

人与熊遭遇通常有两种情况，一种情况是人意外地闯进了熊的领地，再就是食物或其他气味将熊吸引到了人的营地来。如果是第一种情况，应该在尽可能远的地方就让熊发现你，好给它足够的时间躲避你。因此穿行多有熊出没的地方，要结队而行，用说话或唱歌等方式尽量制造噪声，向熊提醒你们已经来了。

145

为了防止第二种情况，应小心地储存和使用食物，防止宿营地散发出其他气味。不要在帐篷或睡袋里储存任何食物。储存、制作食物及用餐时，要尽量远离营地。食物应该密封在可重复封口的塑料袋里，再放入容器内，然后把容器挂在距离地面3米高的树上。餐后应该彻底洗手、脸和餐具，餐具要远离营地存放，洗后的水也应倾倒在远离营地的地方。睡觉时不要穿你做饭时穿过的衣服。

决不能让熊吃到你的食物。习惯了人类和人类食物的熊，会变得异常危险，它会频繁光顾，妄想继续获得食物。这样的结果，往往不是熊被打死，就是人付出了惨重的代价甚至是生命。

你不仅要确保食物香气不会散发出去，还应该控制营地里的其他气味。不要将石油燃料洒落在营地附近，个人卫生品尽量用无香型，不要在营地30米内大小便，一切有气味的物品都放在远离营地的地方。因为这些气味都会将熊引来。

⊙ 与熊遭遇了

尽管你做了充足的预防，还是有可能和熊遭遇。这时要冷静，评估一下周围的环境，判断熊的种类，是黑熊还是棕熊，检查附近是否有熊崽和已被杀死的动物。如果熊尚在较远的地方，应该立即后退，再寻找其他路线绕开该地。一旦你与熊距离很近了，那就要做好反击准备，如果没有武器，就临时找些东西，比如棍棒和石块。一定要冷静，慢慢向后退，同时用平静的声音和熊说话。千万不要对熊做出任何突然性或挑衅性的动作。

如果在你向后退却时，熊跟随着继续前进，或表现出攻击性，应该停下脚步，面对熊，笔直站立，尽量使自己显得高大。这一举动也许会使熊离开。如果熊继续跟进，你必须对熊表现出攻击性，比如大喊、使劲跺脚。要让熊感受到，它要是攻击你，你一定会奋力反击。将武器持在手中，根据时机果断使用。

⊙ 熊开始攻击

熊的攻击行为分防御性和侵犯性两种，要根据具体情况采取不同的反击方式。熊会坚决捍卫领地和食物储存地，保卫幼崽和猎物。在这个过程中，它的攻击很可能是防御性的。如果它是因防御而攻击你，你的反击行动不要过于有侵犯性。如果熊继续攻击，应俯身倒地，脸朝下趴着装死。此时腿应稍稍分开，手指相扣，放于后颈，起保护作用。这样的姿势表明你对它没有任何威胁，即使你受了伤害，也尽量保持这个姿势不动。如果熊把你的身体翻转过来，应该马上再翻转到面朝下的状态。

如果熊是在跟随或潜随你一段距离后突然发动攻击的，这就不是防御性的，是绝对侵犯性攻击。此时你的反击要不遗余力。如果防熊武器没能阻止熊贴近你的身体，就要使用随手能抓到的任何石块、木头等武器搏斗。要集中力量击打熊的鼻子、眼睛和面部。一旦熊开始撕咬你的身体，你必须竭尽全力拼命了。

【技巧要点】

> 控制营地的气味，尽量避免引来熊。
> 区分是防御性攻击还是侵犯性攻击。

技巧 90   小心，别踩到蛇！

在野外遭遇到蛇，第一条原则是，尽可能为它留出空间。蛇不会主动攻击人类，除非它被激怒，这通常都是因为人类不小心踩到了它们。当你在热带国家的岩石下或荫凉地带探索时，要格外小心蛇。

蛇和人一样，喜欢避开阳光。如果你发现了蛇，不慌不忙地朝它的相反方向走，一切都不会有问题。可是，在某些情况下，蛇会以闪电般的速度发起攻击。如果有可能的话，用棍棒击打蛇的头部，甚至用大砍刀砍掉它的头。当蛇看起来快要死的时候，一定要小心，因为有时它会装死，等你想把它拾起来时，它便会突然攻击你。

如果最糟糕的事情发生了，你被蛇咬了，应该先看看伤口。若伤口上有两个较大的洞，与其他的齿痕分离开，那么咬你的蛇很可能就是有毒的，你应该尽快找医生救命。如果你身边还有同伴的话，那最好是让他去找人救助，你应该尽量冷静地留在原地，因为心脏跳动得越快，毒素扩散到全身的速度也就越快。

【技巧要点】

如果你发现了蛇，不慌不忙地朝它的相反方向走，这样就不会有问题。切记，千万不要踩到蛇，否则它会以闪电般的速度攻击你。

技巧91　别惹独行的虎和豹

虎和豹，这两种大型猫科动物，它们大多数情况下都不会对人类好奇。独行侠的性格使它们对一切陌生事物都保持着防备的本能，因此它们袭击人类的概率还不如野猪。但它们是领地意识非常强的动物，对进入其领地的潜在威胁者，通常都会发出严厉的警告。

在野外一旦发现虎和豹的行踪，应立刻停止前进并慢慢后退，向它表明你无意侵犯它的领地。眼睛要盯住它，并做好防护准备，直到退到安全的地方。有时候，你在野外会碰到非常可爱的"小猫"，你最好不要碰它，它很可能是一只走丢的豹崽。俗话说"发疯的母豹赛过虎"，追寻孩子而来的母豹会发疯地攻击你。

吃饱的虎和豹会慵懒地躺着休息，它们甚至都懒得看一眼路过的你，但这并不意味着你可以掉以轻心。如果你真的碰到这样的虎和豹，你很可能禁不住诱惑，大着胆子偷偷给它们照张相。但你最好不要冒这个险，如果非要这样做，请将相机的闪光灯和声音关掉，并且在尽可能远的地方拍摄。

【技巧要点】

虎和豹领地意识很强，所以千万别试图潜入它们的领地；一旦发现虎和豹的行踪，应立刻停止前进，并慢慢后退；不要拿虎和豹的幼崽——"小猫"取乐。

技巧92　碰到野猪快避让

野猪智商不高，蛮力却不小。成群的野猪胆子很小，一听到异响就飞快地逃跑。野猪作为野外的美味，捕猎成本不高，但是你必须知道该如何躲避野猪的横冲直撞。

猎杀野猪的要领是对跑在最后的野猪下手，而不能猎杀前面或中间的野猪。落地陷阱是捕获野猪的好办法，但怎样才能让野猪按照你预定的线路逃跑是很需要经验的。合力杀野猪似乎不错，但千万不要试图堵住成群的野猪，逃命的野猪不会在乎挡在它前面的是什么，你只能寻找落单或年幼的野猪下手。

如果你很不幸地奔跑在野猪的前方，应该赶快向与野猪的奔跑方向成90°角的方向逃跑，如果来不及了，爬上树也是不错的方法。只要你不挡住它的路，逃跑中的野猪没功夫对你感兴趣。

在丛林、林地中游荡的独居公野猪，非常危险，千万不要招惹它。体重超过100公斤的大公猪，通常会有像匕首一样尖锐的獠牙，轻易就能穿透你的肚子。如果与它在林地中狭路相逢，这时候可不要逞强，最好礼貌地让路。

【技巧要点】

不要试图堵住成群逃跑的野猪，那样很危险。如果你不得已跑在了野猪的前方，应该赶快向与野猪的奔跑方向成90°角的方向逃跑，或者爬上树。

第十三章　辨识天气，抵御极端气候

天气是决定生存质量的一个重要因素。在野外的准备活动中，一定要通过各种渠道查阅当地的天气情况。虽然天气预报不一定很准，但是一旦应验而你又没有准备相应的装备，那可就非常痛苦了。倘若在野外听不到天气预报，那你就只能靠自己来预测天气了。另外，对野外生存来说，极端气候也是一种特殊的考验，例如热带的酷暑、两极的严寒，而即便是在温带，也会出现恶劣气候。所以，即使你没有去往具有极端气候区域的打算，也有必要阅读本章的内容。

鲁滨逊抵抗风暴和酷暑

在一次航海中，鲁滨逊乘坐的航船在海上遭遇了风暴。此时，海上惊涛翻涌，狂风大作，鲁滨逊的航船在滔天巨浪中无助地颠簸着。为了逃避海浪的冲击，他和船员们都躲到了船舱里。没过多久，他们的船就搁浅在了一片沙滩上，动弹不得了。

船上只有一只小艇，鲁滨逊和船员都明白，在这种洪涛巨浪中，小艇是万难生存的，他们不可避免地都要被淹死，况且，小艇一靠近海岸，马上就会被海浪撞得粉碎。然而，在这种危急情况下，他们别无选择，因为大船时刻都有可能被撞得粉碎或是沉没。所以他们只能听天由命，一起上小艇，顺着风势拼命向岸上划去。

等待着鲁滨逊他们的海岸是岩石还是沙滩，是陡岸还是浅滩，他们一无所知。他们仅存的一线希望是，进入一个海湾或河口，侥幸把小艇划进去；或划近避风的陡岸，找到一片风平浪静的水面。但他们既看不到海湾或河口，也看不到陡岸；而且，越靠近海岸，他们越感到陆地比大海更可怕。他们半划着桨，半被风驱赶着，大约走了四海里多。忽然，一个巨浪排山倒海地从他们后面滚滚而来，给了小艇致命一击。说时迟，那时快，巨浪顿时把他们的小艇打得船底朝天；他们都落到了海里，东一个，西一个。大家还来不及喊一声"噢，上帝啊！"就通通被波涛吞没了。

鲁滨逊沉入水中时，心乱如麻。他平日虽善泅水，但在这种惊涛骇浪之中，连浮起来呼吸一下也十分困难。后来，海浪把他冲上了岸，等浪势稍退时，把他留在了半干的岸上。虽然海水已把鲁滨逊灌得半死，但他头脑尚清醒，他见到自己已靠近陆地，就立即爬起来拼命向陆上奔去，以免第二个浪头打来时再把他卷入大海。可是，他立即发现，这种情境已无法逃脱，因为身后高山似的海浪汹涌而至，他根本无法抗拒，也无力抗拒。这时，他只能尽力浮出水面，并竭力向岸上游去。巨浪扑来，鲁滨逊又被埋入水中二三十英尺深。他感到海浪迅速而猛力地把他推向岸边。同时，他屏住呼吸，也拼命向岸上游去。就在他憋得肺都快爆炸时，他感到头和手已露出水面，虽然只短短两秒钟，却使他得以重新呼吸，并大大增强了勇气，也大大减少了痛苦。紧接着他又被埋入浪中，但这一次时间没有上次那么长，他总算挺了过来。等鲁滨逊感到海浪势尽而退时，就拼命在后退的浪里向前挣扎。他的脚又重新触到了海滩。他站了一会，喘了口气，一等海水退尽，立即拔脚向岸上没命奔去。但他还是无法逃脱巨浪的袭击。巨浪再次从他背后汹涌而至，一连两次又像以前那样把他卷起来，推向平坦的海岸。

　　这两次大浪的冲击，后一次几乎要了鲁滨逊的命。因为海浪把他向前推时，使他冲撞到一块岩石上，他立即失去了知觉，动弹不得。原来这一撞，正好撞在了他的胸口上，使他几乎透不过气来。假如此时再来一个浪头，他必定憋死在水里了。好在第二个浪头打来之前鲁滨逊已苏醒，看到情势危急，他就抱紧了一块岩石，等海水一退，又往前狂奔一阵，跑近了海岸。这样，在后一个浪头赶来时，只是从他头上盖了过去，已无力把他吞没或卷走了。接着，他又继续向前跑，终于跑到岸边，攀上岸上的岩石，在草地上坐了下来。历尽艰险的鲁滨逊总算脱离了危险，现在，海浪已不可能再袭击他了，他的心里感到无限宽慰。

　　登上陆地的鲁滨逊，还没等高兴太久，就遭遇了酷暑天气。此时，他的衣服已经破烂不堪了，虽然岛上只有他孤孤单单一个人，即使赤身裸体也没关系，但是，这里阳光炽热，裸体晒太阳人根本受不了，不一会太阳就会把皮肤晒出泡来。而穿上衣服就好多了，空气可以在下面流通，比不穿衣服要凉快两倍。此外，戴上帽子也会好很多，因为太阳直接晒在头上，不一会儿就会晒得头痛难熬。所以，鲁滨逊开始动手用之前打到的动物毛皮做帽子，把毛翻在外面，既可遮阳又可挡雨。随后，他又用毛皮做了一套衣服，包括一件背心和一条长仅及膝的短裤。背心和短裤都做得非常宽大，因为它们主要是用来挡热的，而不是御寒的。这些还不够，鲁滨逊又花了不少时间和精力做了一把伞。他用毛皮做伞顶，毛翻在外面，可以像一座小茅屋似地把雨挡住，并能挡住强烈的阳光。这样一来，即使在最热的天气，他也能外出，甚至比以往最凉的天气外出还要舒服。

　　鲁滨逊遭遇的海上风暴，夺去了船上所有人的性命，只有他一人死里逃生；而他上岛后又差点被岛上的酷暑折磨死，真可谓"一波未平，一波又起"。在野外生存中，千万别小看老天爷的"脸色"，有时仅仅是下场雨也会让我们丧命，更不用说两极地区的极端气候了。所以，我们必须知道一些辨识天气的方法，以及在极端气候中的求生法，并将它们牢记心中，知道得越多，活下来的机会就越大。

技巧93 问问天空，下雨否？

在野外，最重要的天气预测就是关于下雨，雨是野外生存的大敌，如果你不做好准备，就会被淋湿而生病。但是雨不会突如其来，留意抬头往天上看，若将要出现危险的天气，天空会为你提供一些重要线索。

在没有天气预报的古代，人们通过观天望气来决定出行以及劳作的时间。古人的观天望气不是为了休闲娱乐，一旦出现差错将会对生活产生极大的影响。所以，对天气的预测可以说是古人生存所必备的技能之一。从古至今的经验之谈，即使跟气象卫星和电子计算机的数据分析相比都毫不逊色。为了不至丢了性命，也请你牢记这些常识吧！

蓝天中漂浮着棉絮状的云，叫卷云，它通常预示着好天气。天空中漂浮着绵羊状或棉团状的积云，通常也预示着好天气。但如果这些积云越来越多，遮住阳光，使得天空迅速阴暗，同时伴随着风力增强，风向混乱，那么通常预示着暴雨将至。你要在半个小时之内寻找宿营地，建立庇护所，或从危险的山谷中离开。

天空厚厚的云层遮住太阳，通常也会有雨。云层越低，下雨的概率也就越大。阴天高层的云层相对而言并不可怕，这样的云层有时会降阵雨，雨量通常也不会太大，有时甚至几天都不会下雨。记住，云层越低，天气越阴暗，雨量就会越大！如果高层乌云迅速压向地面，应立刻寻找或搭建庇护所，离开危险的山谷。这种情况通常在半小时之内，暴雨就会劈头盖脸打下来。

朝霞不出门，晚霞行千里，是民间的天气谚语。落日下红色的余晖映红天边的云层，表明天空中水汽很少，第二天不大有可能会下雨。但如果早晨红了半边天，那么今天不是阴天就是雨天。

早晨升起大雾，今天有雨的可能性也不会很大。在多山的地方，早晨山谷中笼罩着薄雾，通常也预示着好天气。但如果午时薄雾仍未散去，那你就要考虑降雨的可能性了。

灰色的晨空预示着今天又是干燥的一天，因为底层大气中的灰尘颗粒如果升不上去，没有凝结核是无法降雨的。然而灰色的夜空通常预示会降雨——夜间含水的冷空气沉降下来，很容易与灰尘结合而形成降雨。

清爽的夜空通常也预示着好天气。但如果夏末或秋季天空没有云层，第二天早晨很可能形成霜降，你应该尽量避开低洼地和山谷寻找宿营地。

朝霞不出门，
晚霞行千里。

夜繁星，大风天。

日晕月晕三更雨。

鱼鳞天，不雨也疯癫。

钩钩云，下大雨。

瓦块云，晒煞人。

清早宝塔云，
下午雨倾盆。

天上豆荚云，
地上大风吹。

斗笠云，雨倾盆。

【技巧要点】

记住这些天气谚语，会大有帮助：夜繁星，大风天；钩钩云，下大雨；瓦块云，晒煞人；斗笠云，雨倾盆；日晕月晕三更雨；鱼鳞天，不雨也疯癫；清早宝塔云，下午雨倾盆；天上豆荚云，地上大风吹；朝霞不出门，晚霞行千里。

技巧94　要下雨身边有征兆

天气的变化不仅能通过观察天空来了解，自然界的生物以及你身边发生的各种变化也会给你很大启示。

炊烟袅袅升起，通常预示着好天气。但如果炊烟忽左忽右地漂浮，或者升起又降下，甚至低低地弥漫开来，通常预示着暴风雨即将来临。

暴雨将至的时候，空气中水汽会增加，人的身体也会有相应的反应，例如觉得湿热烦闷、风湿病人会感觉关节疼痛。此外，卷曲的头发也会更加弯曲。

俗话说"燕子低飞天将雨"。天将下雨时，气压下降，湿度上升，多数昆虫都会低飞。而燕子为了捕食这些昆虫，自然也要低飞。所以，如果发现燕子低飞捕食，要立刻做好防雨准备。

蜻蜓通常情况下很少聚集齐飞，除非是交配季节或暴雨将至时。成群的蜻蜓低飞扑食也预示着暴雨将至。

蚯蚓成群地爬出地面，向高处逃亡的时候，通常一场暴雨就要来了。

蜜蜂飞回了蜂巢，也意味着大雨将至。

不要孤立地看待这些迹象，而应该把它们与天气结合起来。

【技巧要点】

自然界与天气的关系也有一些谚语，它们能帮助你识别天气：蜘蛛挂网结水珠，久雨必停天放晴；燕子低飞天将雨；雨蛙呱呱叫，下雨必来到；晨雾散去有晴天；河里鱼打花，天天有雨下；蚯蚓路上爬，雨水乱如麻；旧伤疼痛明日雨；下雨前声音可以传得很远；下雨前远山会显得更近。

技巧95　雷电不长眼，快躲！

当你正疲惫不堪地行进时，突然乌云密布，暴雨如注，雷电交加。你要知道，雷电不长眼，没人知道它会落在哪里。

在野外活动时，一定不要忽视雷电的存在。特别是近年来，气候尤其是局部地区的气候变化无常，有时已经无法依靠以往的经验来做出出行的准备了。总之，当你听到雷声隆隆，一定要尽快躲避！

遇到雷电时，如果你身处茫茫草原，找不到合适的避难场所，可以把身上所有的金属物品摘掉，放到离自己较远的地方，并尽量压低自己的身体，就算被雨淋湿也不要站起来！如果你是在山区，那么无论是水平方向还是上下山都有可能遭遇雷击。此时，你可以把帐篷压扁，然后躲进去暂时避难。如果附近有车，就先钻进车里，一般来说，在车里是不会受到雷电的侵害的。当你无处避难且有同伴同行时，两人之间要注意隔开5米以上，这样，即使一个人不幸遭到雷击，另一个人还可以设法救助。当你周围有避雷针时，躲在避雷针的45°角范围内一般是比较安全的。但当你周围有高大树木时，躲在树下却是危险的，你应当到仰视树顶时视线呈45°度角以外的地方避难。

【技巧要点】

遇到雷电时，寻找身边一切可能躲避的地方，或者可以遮挡的东西，隔绝金属物品，远离大树。

技巧 96　在风暴中如何自保？

在荒郊野外，风暴会要了你的命。四下里电闪雷鸣，飞起的石块和树枝会像子弹那样命中你。

如果闪电在你头顶上开始闪起，你应该低低地蹲下身子，因为在一个地区，闪电总是被最高的物体吸引，所以，请确保不是你。出于同样的理由，你也不能在树下或其他高耸的结构下寻找隐蔽，因为闪电可能会击中大树并传递到你身上，记住：闪电的冲击可以穿过土壤或岩石传递得相当远。如果你携带着长长的金属物件，例如带天线的收音机或者是钓鱼竿，这有可能吸引闪电，你应该把它们放在地上，并远离它们。如果你突然间觉得发梢直立，这可能是闪电即将击中你的征兆，你应该立刻趴在地上，最好在某种遮蔽物下。在飞沙走石的情况下，要想保护自己，你可以蹲在遮蔽物的后面，或者躲在坑内或沟中。如果你身处开阔地带，则用你的外套包裹住头部，以此提供一定程度的保护。

【技巧要点】

躲避风暴的最好办法就是找一个隐蔽的地方或是遮蔽物，尽量把自己"藏"起来，这样既能避开闪电，又能防御飞沙走石。但切记不要躲在树下或是高耸的结构下。

技巧 97   别让太阳蒸干了你

在干燥的酷热气候下，你需要穿越数英里的沙漠。衣着和饮水上小小的错误便能置你于死地。

极度的高温使人死亡，主要是通过两种方式——脱水以及所谓的中暑。脱水意味着你身体失去的水分远远多于摄入的水分，实际上，你是被蒸发干了。当你的身体严重过热时，中暑便发生了。这两种情况都会导致你的大脑和体内其他器官停止运作。所以在高温下，你有两件事情必须优先考虑：一是尽可能地待在阴凉处；二是尽可能地多带些水。为了保持凉爽，把自己的行动限制在清晨和黄昏这些比较凉快的时段，而不是在白天炙热的高温下行走。伴随着明亮的月光，你也可以在夜间行走。在直射的阳光下，你应该设法寻找一个遮阴处，因为这将使你流的汗较少，体内的水分损失因此也比较少。你可以用两张床单搭建一个遮阴处，而两张床单之间留的空隙，可以让你避免阳光的炙热和晒伤。尽可能地多喝些水，别把宝贵的饮水浪费在清洗自己上。如果你是在沙漠地区行进，那么寻找水源就更重要了。沙漠里的水源有可能是在地下。你可以找一个干涸的湖泊并在其最低处用铁锹、棍子或者石头挖，若很快看到湿沙子，那么请不要再挖，让水渗出。要是遇到干的河床，可以找一个弯曲的地方在较低的一侧挖坑。记住，不要放弃尝试。

在酷热中的饮食也有讲究。美国空军有一条规定：如果一天只有半升水，那你就不能吃东西。因为消化需要大量的水分，尤其是高脂肪、高蛋白的食物和肉类。

【技巧要点】

> 在水源充足的情况下尽量多喝水，少吃高脂肪、高蛋白的食物和肉类。

技巧 98　再热也不能脱衣服

即使天气热得像火烤一般，也不要为了凉快而把衣服脱光。

也许你确实很热，但最好还是继续穿着你的长袖衬衫、长裤、靴子以及宽边帽。衬衣和长裤能保护你免遭阳光灼伤以及昆虫的骚扰，还能使汗水留在身上，而不是直接蒸发掉，而帽子则保护你的头部和颈部，使之不至于过热，同时也使双眼避免被阳光直射。走在粗糙、滚烫的地面上，靴子保护了你的双脚，另外，也让你避开了地面上各种危险的昆虫。如果你没有合适的衣物，你可以做一条长头巾，只需要一块长点的布，把它绕在你的头顶上。要确保这块布足够长，能盖住你的后颈，因为脖子裸露在阳光下，会更容易中暑。你可以用一块长手帕，从棒球帽上挂下来，效果一样好。用另一块布把脸的下半部挡住，这样可以防止吸进过多的灰尘。用一块白布，在中间割一个洞以方便把头套进去，这种简易的衣物也能起到隔热作用。

【技巧要点】

> 越是在酷热气候中，越要穿上覆盖全身的衣物，否则你会被晒伤，而且更容易中暑。另外，头部的防护最重要，此时，你只需要把眼睛露出来，其余部位则"全副武装"起来。

技巧 99　雪地行走注意保暖

　　白雪皑皑的旷野中，你迷路了，黑夜即将到来。当气温跌倒零度以下时，大概只有你身上的衣服能将你从必死无疑中拯救出来。

　　在极地气候中，请确保你的头部、双手以及双脚都得到了很好的覆盖，因为体内热量绝大多数是通过这些部位流失的，这些部位也是最容易被冻伤的。对于其他的衣着，你最好能多穿几层薄的衣服，最外面穿一件防风又隔热的夹克。在天气极度寒冷的条件下，双手千万不要接触金属，以防冻伤。要保持双手的温度，如果被冻僵，把手放进衣服内，在腋窝、肚皮附近，或者胯部摩擦取暖。如果你的衣服无法为你提供足够的保护，你可以在里面塞上一些隔热的材料——报纸和稻草就非常好。把这些材料分散地扎起来，塞入你的衣服内。另外，狩猎所获得的动物皮毛也是非常好的保温材料。在寒冷的气候中，如果你的衣服开始破损，立即用针线进行修补。还有一点，也许你距离最近的洗衣机有数英里之遥，但最好还是让你的衣服保持干净。衣服上覆盖了泥浆或污垢，会丧失一部分隔热的保护，这就意味着它无法有效地让你保持温暖。

　　需要谨记的是，在雪地中行走要控制活动量，尽量不要出汗。如果出汗并感觉厚厚的衣服闷得慌，也不要立刻脱掉衣服和帽子，因为汗湿的身体和头突然着凉容易感冒、头疼。应该先敞开衣襟，等汗慢慢消退后，再酌情脱掉一两件衣服。

【技巧要点】

　　雪地行进的过程中，首先要确保的就是头部、双手以及双脚的温暖，必要时可将报纸和稻草塞入衣服内隔热。其次，衣物要尽量保持清洁，因为脏衣服会减弱保暖的功效。

技巧 100　雪地鞋轻松"踏雪"

在硬而实的雪地表面，你可以滑雪前进；但在厚而松的积雪中跋涉，就非常耗费体力了，它会把你折磨得又冷又累。这里有一个不错的解决办法——做一双雪地鞋！

走在厚厚的积雪上会导致难以置信的疲劳，仅仅几个小时，你就会发现，每走一步都是竭尽全力。正因为如此，你应该试着做一双雪地鞋。首先，你需要一些长木条和绳索，其中的一根木条要比其他的长，大约1.2米左右，而且必须柔韧。一根幼树苗是非常好的选择。将这根幼树苗的两端修尖，此举是为了在你行走时，有助于你的"鞋跟"插入雪中，然后把树枝上所有的突起部分全部削平整。把鞋子绑在一起时，尼龙绳是最棒的，因为许多其他类型的绳子一旦被冰雪浸泡后就变得疲弱。现在，把这根幼树苗弯曲并扎紧成一个椭圆形的外框，接下来，把其他的木条横穿过这个框架，形成一个交错的搁脚的平台。最后，把你的鞋子直接踩在"雪地鞋"上，用绳子绕过你的脚趾、脚跟、脚踝，把一些填塞物放在脚踝处的绳索下，以免皮肤发炎。重复同一步骤以完成另一只鞋的制作，然后，你会发现，行走起来轻松多了。

【技巧要点】

"雪地鞋"的基本框架要选用柔韧的树枝，比如幼树苗，树枝两端一定要记着削尖。把自己的鞋子踩在上面时，一定要用绳子固定住。

技巧101　自制"白痴太阳镜"

在冬日阳光下待了几个小时后，你可能发现，自己的眼睛开始发烫，开始流泪。赶紧行动起来，否则，几个小时内，你的双眼就会失明。

随着时间的推移，明亮的日光或冰雪上的反射光线会让你的双眼遭受可怕的痛苦，也许还会流泪。这种状况可能会变得更加严重，最终导致你失明。尽管这种症状以后会逐渐消失，但显然，它会给你在野外的求生带来不利。幸运的是，这里有几个简单的办法，可以将雪盲症的危害降到最低。

到目前为止，防止雪盲最好的办法莫过于佩戴太阳镜。但有些时候，你并没有随身携带太阳镜，因此，第一个生存技巧是，用一根木炭在每只眼睛下涂上厚厚的一层黑色。你可以把树枝放入火中烧，使它彻底变成黑色（涂到眼睛上时，先让它们冷却）。这样做，可以防止眼睛下部的皮肤反射光线到你的双眼中。但是，还有更好的保护办法——制作一副眼镜。找一块薄纸板、布，甚至可以是木板，其宽度能盖住你的面部即可，按照眼睛的位置，开两个窄窄的细缝。另外，再切开一个凹陷，以便适应你的鼻梁。然后在这副眼镜的两端各刺一个孔，用绳子穿过并绕到脑后。这样，你就得到了一副眼镜。也许你觉得带着这种眼镜看起来像个白痴，而且视野也会大大减小，但是，这种眼镜确实能发挥作用。如果你手上恰好有一卷胶卷，它也是保护眼睛的好材料。

【技巧要点】

在雪地中行进时，不要紧紧盯着白雪，单一的色彩很容易使眼睛疲劳，从而加速雪盲症的发生。将眼睛不时地从雪地中移开，看看雪地中的树，以及任何多彩的东西，都能缓解眼睛疲劳。

第十四章　躲避自然灾害与危险

尽管绝大多数在荒野冒险的人都安全归来，但其实真正的危险一直就潜伏在四周。如果你没有意识到或忽略了那些曾经出现过的警示信号，从安宁到灾难也就是一瞬间的事情。反之，如果你了解如何识别灾害以及如何躲避，就能避免事故和伤害。等到大火烧到你的帐篷或者洪水没到了你的脖子时，就悔之晚矣了。在动身前往荒野冒险之前，花些时间阅读和学习本章的内容吧，消化这些知识不会占用你很多时间，但能帮助你避开危险，享受户外探险的乐趣。

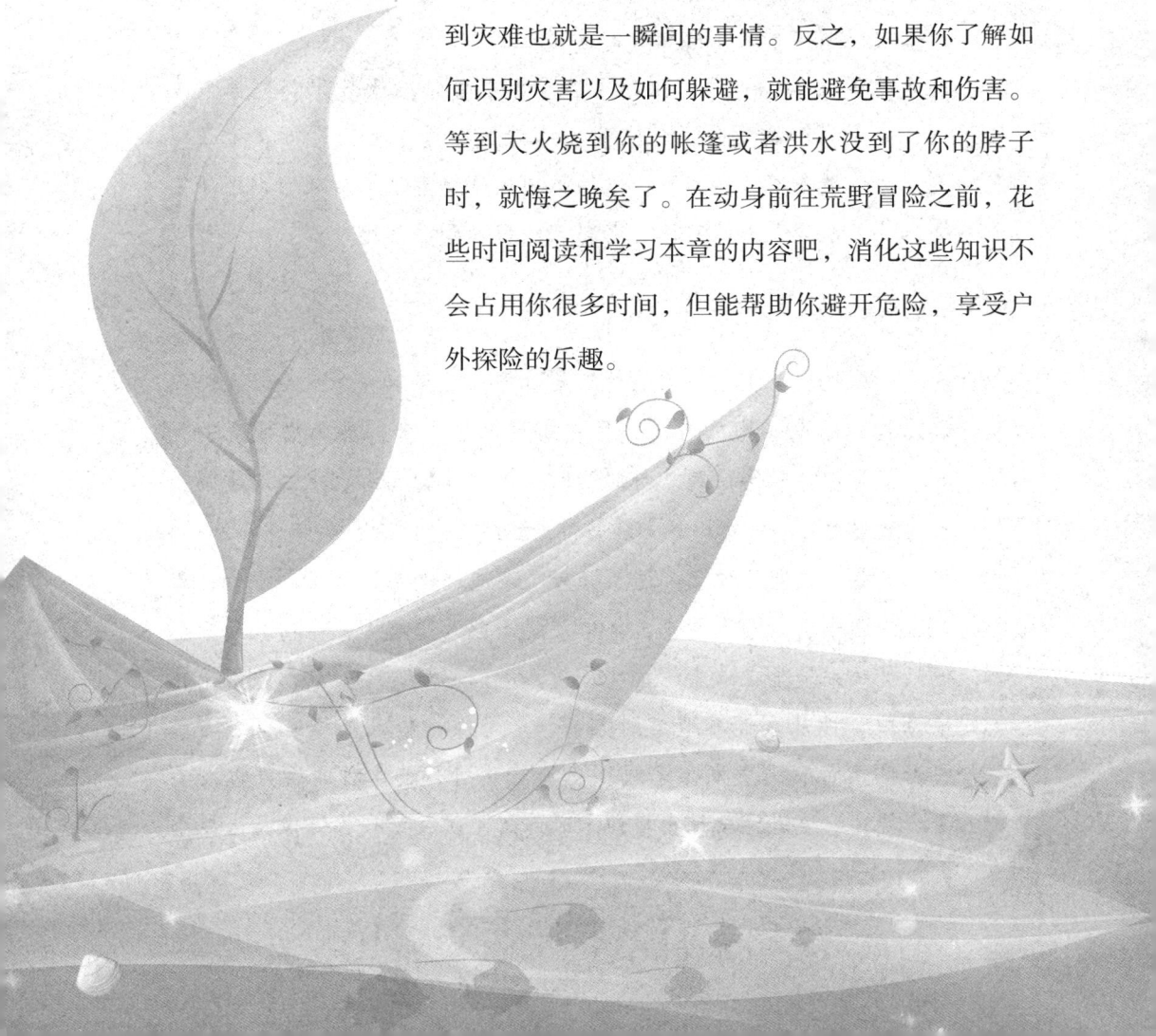

鲁滨逊突遇地震和飓风

　　鲁滨逊生活的荒岛自然环境复杂，不仅天气变化无常，而且自然灾害也时常发生。

　　有一次，鲁滨逊正在帐篷后面的山洞口忙着砌围墙，这时突然发生了一件可怕的事情，把他吓得魂不附体。山洞顶上突然倒塌下大量的泥土和石块，从岩壁上也有泥土和石头滚下来，把他竖在洞里的两根柱子一下子都压断了，发出了可怕的爆裂声。他惊慌失措，完全不知道发生了什么事，以为只不过像上回那样发生了塌方。他怕被土石埋在底下，立即跑向梯子，后来觉得在墙内还不安全，怕山上滚下来的石块打着自己，就爬到了围墙外面。等到他下了梯子站到平地上，才明白原来是发生了可怕的地震。接下来，他所站的地方在八分钟内连续摇动了三次。这三次震动，其强烈程度，足以把地面上最坚固的建筑物震倒。连离他大约半英里之外靠近海边的一座小山的岩顶，都被震得崩裂下来，那山崩地裂的巨响，简直把他吓得半死。与此同时，不远处的大海也在汹涌震荡，鲁滨逊想海底下一定比岛上震动得更激烈。

　　在第三次震动过后，过了好久，大地才不再晃动了。于是，鲁滨逊的胆子也渐渐大起来，但他还是不敢爬进墙去，生怕被活埋。他只是呆呆地坐在地上，垂头丧气，闷闷不乐，不知如何才好。在惊恐中，他从未认真地想到上帝，只是像一般人那样有口无心地叫着"上帝啊，发发慈悲吧！"地震一过，连这种叫唤声也没有了。就在鲁滨逊这么呆坐在地上时，忽见阴云密布，好像马上要下雨了。不久，风势渐平，不到半小时，就刮起了可怕的飓风。顷刻之间，海面上波涛汹涌，惊涛拍岸，浪花四溅，陆地上大树连根拔起。真是一场可怕的大风暴！风暴刮了大约三小时，就开始减退了；又过了两小时，风静了，却下起了滂沱大雨。

从地震到飓风再到暴雨，短短的时间内，鲁滨逊遭遇了如此多的危险，可见大自然的喜怒无常和巨大威力。鲁滨逊虽然全身而退，有惊无险地度过了这些灾难，但毕竟，生存不是冒险，也不是挑战自然，如果硬要迎"难"而上，或多或少都会遇到点麻烦。鲁滨逊患疟疾就是个例子。他因为顶着大雨外出，结果回来就病倒了，还染上了疟疾。后来，他虽然用吃烟叶的方法治好了疟疾，但这也使他的身体虚弱不堪，此后的好长一段时间，他的神经和四肢还经常抽搐。所以，这场病也给了鲁滨逊一个教训：雨季外出对健康危害最甚，尤其是飓风和暴风带来的雨危害更大。

技巧102 逃出急流的魔爪

坠入河中与跌入游泳池是完全不同的。一条河流具有很多危险，包括汹涌的水流及危险的水下障碍物，它们会在几秒钟内就把你拖至水底。

如果河水的流速比较缓慢，你可以安全地径直游到岸边，显然这样做是恰当的。可是，如果河水的流速很快，那你就会遇到很多问题。首先，别试图直接在湍急的水流中游泳，因为水流永远比你更强大。你应该顺着水势游，斜着游向对岸。如果你还有同伴在岸上，试着告诉他们跑到你的前面，并把绳子的一端掷入水中，这样，他们可以把你拉上岸去。在水中采取仰泳的姿势，双脚在你身体的前方；这样一来，如果碰上水中的礁石，是你的双脚而不是头部先撞上。考虑一下，你可以从哪里脱困：峭壁或泥泞的河岸，在你的脚下很容易坍塌，可能根本无法攀爬；多礁水域的激流会把你冲走；杂草丛生的地带会缠住你的双脚，你会被卷到下面。所以，你应该游向下游更远处寻找比较坚硬、比较平缓的上岸地点。在水中，试着抓住任何漂浮在水中的木头，以便得到更大的浮力。

【技巧要点】

不慎落入河水中，要顺着水势游，并采取仰泳的姿势；最好向下游更远处寻找比较坚硬、比较平缓的上岸地点。

技巧 103   怎么躲洪水暴发

突遭洪水比遭遇大火的概率大得多，每年因洪水而造成的野外伤亡事故也是最多的，因此许多探险者都谈洪色变。但洪水是有特点的，一旦你熟悉了这些特点，洪水也没那么可怕。

在野外来说，读懂洪水预警往往是很容易的。大江大河的洪水水位是慢慢上升，水流速度逐渐加快，没有突然一下长高几米的情况出现。而山地间的峡谷、丛林中的小溪等地的洪水爆发力则很强，通常能在一两分钟内暴涨几米。这样的洪水也不会只有一波冲击，通常分两拨而来。在下雨的时候，你可以发现水位异常上升，这时候的上升速度还不是很快，而且水中夹杂了杂草、树枝等物，水开始浑浊。因为此时河道上游的挤压效应，雨水将水道中的清水挤压下来，此时水量还不足以成为洪水。这时候你就该离开危险地段，在洪水的这一阶段你还是有很大机会逃生的。

第一波和第二波洪水的间隔有时会几个小时，有时只有短短的数分钟。因此，在暴雨天气不要在峡谷中行走。如果实在要走这样的危险地段，要密切注意水位变化，随时准备离开。

堰塞也是一种很恐怖的洪水，一旦在峡谷地段冲下来，几乎没有逃生机会，然而堰塞也不是无法预警的。

任何水道的水位通常都是保持在一个相对平衡的高度，除非有特殊原因使水位变化，暴雨是一大原因。堰塞的水位变化略有不同，水道中的水位变化并不是很大，可能很长时间内，水位只升了一点点，与暴雨降水量很不匹配。如果是上游下雨本地不下雨，可能水位还会慢慢下降。因为水道上游快速冲击下来的雨水夹杂着杂物堵在狭窄的喉段，造成下游水量不足。然而一旦堰塞被冲开，那就是一波冲过。在峡谷地段，你可以听到洪水冲下时轰隆隆的可怕声音，并且峡谷内从上游而来风力加强，让人有压迫感。这时候只能赶紧逃命，一分钟内洪水前锋就冲到你面前了。

记住，如果天降暴雨，不要在山间峡谷、丛林小溪这些水道间逗留，更不要在这些地方宿营。如果在行走时突遭洪水，应立刻向高处逃跑，在陡峭的山谷中，有可能你得丢弃背包以减轻负重。若是宿营时遭遇洪水，就不要浪费时间去收拾你的装备，带上急救包和刀具尽快躲避到高处。

如果不幸遭到洪水围困，尽量寻找材料制作漂浮物。不要在水流中紧张地挥舞手脚试图尽快靠岸，那样你会很快就耗尽体力。贴近水道边缘顺水漂流，因为越是靠近河中心的水流越急。如果不幸被卷入旋涡，应顺着旋涡旋转方向打水，利用旋涡的离心力摆脱出来。或许你会漂流几公里甚至更远才能上岸。

【技巧要点】

天降暴雨时，不要在山间峡谷、丛林小溪这些水道间逗留，因为暴发洪水的可能性很大。当第一波洪水到来时，你就该离开危险地段，在这一阶段你还是有很大机会逃生的。

技巧104　别跟着泥石流走

在水土保持不好的地方，一场暴雨可能意味着另外一场灾难的发生——山体滑坡和泥石流。如果你不幸被埋，那么几乎无生还可能。

在下大雨时处于高处能避免大多数雨水灾害，这是生存中一项很重要的法则。泥石流和山体滑坡的事故地通常都是裸露泥土的陡峭山坡，大规模的泥石流爆发前，通常会有小型的山体滑坡和泥石流先冲下来。这时候你必须赶紧离开。如果在雨后你发现某片山坡下有新落下的小堆黄土，山体光秃陡峭，有可能高处流下的雨水仍不断沉积在山体中，整个山体会突然崩塌。赶紧离开这里，另外寻找线路，因为一旦被埋，几乎无生还可能。

然而如果你一意孤行，依然走在泥石流高发区，那么你的处境就非常危险了，因为至今仍没有办法预测泥石流的确切时间。唯一的办法，就是在你还没有被埋的时候，与泥石流相反的方向尽快逃走。如果附近有树丛，先躲进树丛里，树木会挡住部分泥石流，给你逃生的时间。

【技巧要点】

由于一旦被泥石流所埋，就几乎无生还可能，所以，在下大雨时一定要远离裸露泥土的陡峭山坡。在突遇山体滑坡和泥石流时，要尽量往树丛里躲，因为树木会挡住部分泥石流，给你逃生的时间。

技巧105　雪崩的死亡游戏

虽然在野外碰到雪崩的机会并不多，因为雪崩只发生在高海拔的雪山中，但如果你有志攀登雪山，那么这一课对你来说应该很重要。

雪崩，是大自然展示的令人敬畏的力量。它移动的速度比一辆超速行驶的汽车还快，其威力足以将树木撕成碎片。如果你正走在多山地区积雪覆盖的山坡和山脊上，就一定要小心了。如果你脚下积雪的声音显得空洞，或者你看到地面上的积雪产生了裂缝，再或者你听见了隆隆的开裂声，那么，你应该立即离开所在的山坡到安全的地方去。如果你看见雪崩向你扑来，而你已经无法逃脱时，立刻解下你的背包和滑雪板，并使身体顺应雪崩方向；用背部抵抗积雪的压力并保持头部抬高；把嘴紧紧闭上，或用布捂住口鼻部位，以保证呼吸空间。如果可以采取游泳姿势，采用自由泳姿势是最为有效的方式，或者以滚动的方式跟随积雪的冲击。一旦你停下来，你会被积雪淹没并迷失方向，然后彻底陷入黑暗中。此时，你要保持镇定，保存体力等待雪流减缓或停止。待雪流停止后，立即将你面前的积雪清理掉，钻出雪流表面，以创造提供呼吸的空间，否则你的生还概率微乎其微。在黑暗中的你，找出向上的方向是最重要的，方法是：吐一口口水，吐出的口水要么越过你的脸颊，要么直接离开你的身体，口水流向的相反方向就是上方，即雪层表面。现在，向着上方慢慢地蠕动"游泳"，切记，不要惊慌，要冷静实施自救！

【技巧要点】

雪崩到来时，顺着雪流的方向，以自由泳的方式跟随积雪的冲击，捂住口鼻部位以保证呼吸。当雪崩停止后，立即钻出雪流表面，可以用吐口水的方法找到上方，记住，不要惊慌，否则你的生还概率微乎其微。

技巧 106　用镇定战胜流沙

一想到陷入流沙或沼泽，这简直是场噩梦。而错误的反应更会要了你的命。

如果你陷入流沙中，最糟糕的反应就是惊慌失措、挣扎、扭动，因为这会使流沙更快地把你拖下去，并像水泥一样禁锢你的四肢。因此，生存的第一步就是尽可能地放松你的身体，不要在流沙和沼泽中动来动去。接下来，慢慢地移动你的身体，使其形成悬浮的位置。要做到这一点，就要把你的躯体从一端向另一端转向，用你的双臂进行有力而又缓慢的游泳动作，直到你的身体形成一个平躺的姿势，或者接近流沙的表面。现在，无论你是仰面躺着还是俯卧着，都可以开始爬行，或者用游泳的姿势向流沙或沼泽的边缘靠近。尽可能地保持身体平摊，以便分散体重。这很辛苦，但最终能让你抵达安全地带。

【技巧要点】

陷入流沙或沼泽时，最忌挣扎和慌乱，因为这样只会令你更快地下陷。你一定要保持镇静，只有镇静才能让你脱离危险。

技巧107　突破火海的包围

在野外，火灾很少造成人身伤亡，野外的大火不会一下子烧起来。但如果你真的那么倒霉，被大火围困了，下面的这些方法将救你脱离火海。

遇到火灾时，不要惊慌失措乱跑。首先用丝巾或衣物捂好口鼻，防止呛烟。突围是必须的，但要记得展开防水布或睡袋披在身上，有条件就用水淋湿身体或睡袋。一定要戴上帽子，盖好头，因为头发是最容易着火的部位。注意观察火势，从火势最弱的地方突围，不要站得太高，猫腰快跑。如果防水布或睡袋着火，则要果断扔掉。

集体突围更容易一些，大家呈纵队通过，通过的路线选择很重要，与风向垂直的方向通常比较可行。另外，地势也是你要考虑的因素。冲上坡地突围会很快消耗你的体力，而且热烟是向上升的，很可能坡道的火势会越来越猛，温度也会越来越高。因此向坡下突围的成功率会高些。

如果你正处于一片草原，由于用火不当，引发了火灾，但你又没能逃离的话，突围的机会也就微乎其微了。不过，这类大火因为可持续燃烧的草很少，过火速度非常快，你只需坚持几分钟，身边的草就会被烧得干干净净。如果你跑不过大火，就应立即停下来，尽可能快地清理一块草地。直接徒手拔掉草，并尽可能将草扔远些，一两分钟内你就足以清理一块几平方米的安全地带。没有了燃烧物，大火就会从你身边擦过。而另一个冒险的办法是用小火对付大火，自己点上一把火，将身边的草烧掉。

【技巧要点】

遇到火灾时，首先要选择突围，同时做好防御措施；如果突围不了，就要尽量为自己清理出一块空地，用最快速度拔掉身边的草，隔绝燃烧物。

第十五章　辨别方位，寻找出路

当你遭遇突发事件时，最基本的就是留在原地等待救援。待你确信待在原地不会等来救援时，再考虑离开原地。这时，"了解自己当前所处的位置"是非常重要的，只有这样才能让你安心地进行下一步行动。所以在离开前，至少要确定东西南北四个方向，移动时的大方位应该是固定的。剩下就要看幸运女神是否眷顾你了！

鲁滨逊的"迷途"之旅

在岛上住了一段时间后，鲁滨逊离开他的"家"，沿着小岛开始一次旅行。他一天走不到两英里远，总是绕来绕去，往复来回，希望能有新的发现。

每到夜晚，当他走到一个地方准备待下来过夜时，人已感到十分困倦了。有时，他会爬到树上去睡；要是睡在地上，四周就插上一道木桩，或把木桩插在两棵树之间。这样，要是有野兽走近的话，就会先把他惊醒。当他走到海边时，发现他住的那边是岛上环境最糟的地方，这一点确实有点出乎他的意料。在这边，海滩上龟鳖成群；而在他住的那边海边，一年半中才找到了三只。此外，这里还有无数的飞禽，种类繁多；有些是他以前见过的，有些却从未见过。不少飞禽的肉都很好吃。但在这么多飞禽中，他只认出一种叫企鹅的东西，其余的都叫不上名字。

鲁滨逊虽然承认这边比他住的那边好得多，但他无意搬家，因为他在那边已经住惯了。这边再好，总觉得是在外地旅行，不是在家里。

鲁滨逊继续沿着海边向东走，估计大约走了十二英里后，在岸上竖了一根大柱子作为记号，然后决定暂时回家。并且，他还准备下次旅行时从家里出发，向相反方向走，沿海岸往东兜上一个圈子，再回到这儿立柱子的地方。回家时他走了另外一条路。他以为，只要注意全岛地势就不会迷路而找不到他在海边的居所。但事实是他想错了。在走了两三英里后，鲁滨逊发现自己进入了一个大山谷，四周群山环绕，山上丛林密布，除非看太阳才能辨出东西南北，可是此刻太阳也无助于辨别方向，因为他不知道是在上午、中午还是下午。更糟的是，在山谷里的三四天中，浓雾弥漫，不见阳光，鲁滨逊只得东撞西碰，最后不得不回到海边，找到他竖起的那根柱子后，再从原路往回走……

在野外行动，要时刻注意周围的环境和你所处的大致方位，否则散漫地行走只会令你迷路。从鲁滨逊的这次"迷途"之旅中，我们可以看出，自然界中的太阳、地势地形等都可以作为导向的参考，但是，它们比较复杂而且多变。所以，掌握多种辨识方位的技巧非常重要。

技巧108　行囊里必备指南针

　　任何生存工具包内都应该有一个指南针，因为它能让你保持正确的行进方向，并使你在荒郊野外中不至于迷失。

　　让带有磁性的金属片处在能够自由活动的状态下，当它受到地球磁场的作用力，就会自然地对准磁南北方向。这就是指南针的工作原理。使用指南针时，将它平放，且身体朝向要与身前的指南针保持一致，以保证你与指南针都朝向正确方位。此外，指南针附近的钢铁等金属能明显影响度盘读数的准确性，因此，在使用指南针时，一定要避开含金属的物体，如手表、珠宝、刀子、皮带扣、照相机、GPS设备、无线电台或任何电子设备、输电线以及汽车等。

　　指南针虽然是非常方便的指示工具，但却有一个小小的缺点：它指向的是磁南北极，而不是正南北极。地理学中的"正北"指的是北极星的正下方，而地磁南北极则是接近"正北"和"正南"，但并不和"正北""正南"重合。磁北极距离地理北极大约相差1500千米。也就是说，你从指南针指针上读出的北，距离真北还有大约1500千米的距离。磁北极与地理北极之间的偏差角度称为"磁偏角"，一般来说，指南针所指的北往东偏移6°左右才是"正北"。但是，磁偏角并非固定不变，越靠近北极磁偏角越大，南方磁偏角较小。因此，在北极探险的探险家们大多不使用指南针，而是采用其他辨别方位的方法。

【技巧要点】

　　使用指南针时，身体朝向要与身前的指南针保持一致，以保证你与指南针都朝向正确方位，并且远离含金属的物体，避免磁场影响。如果对"正北"有精确要求，那么还要将"磁偏角"考虑进去。

技巧 109　自己动手做指南针

如果你的行囊里没有带上一个指南针，最好不要急着到野外去冒险。在没有指南针，而又遭遇紧急情况时，那你只能自己动手做一个了。下面就告诉你如何使用最简单的物品自制指南针的方法。

在某种紧急情况下，你可以自己做一个临时的指南针。这种设备的基本组成部分是一根针——你可以使用缝衣针或者一片薄薄的轻金属，例如回形针。当它们成为指南针前，你必须先将它磁化：用一块磁铁与针沿着一个方向摩擦——如果你向前摩擦针尖，针尖就将指向北方。如果没有磁铁，你可以查看一下听音乐的耳机内部，或者把针放在电池上摩擦；如果真的无法找到磁铁，你还可以把针放在一片石块或丝绸布料上摩擦，大概摩擦50次左右。这就会产生一个弱磁性，用作指南针已经足够了。等你获得了一个已经磁化了的针，找一个无磁性的容器，例如铝制或塑料的杯子，倒上水，放上一片树叶或一张纸，把针放在上面。慢慢地，针便会带动树叶或纸张开始在水中转动，针尖指向的就是北方。

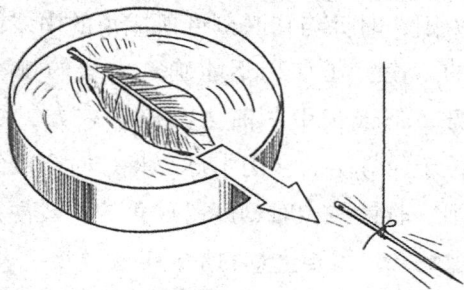

【技巧要点】

针是自制指南针的最佳物品，用丝绸布料摩擦就可使它磁化，磁化的针很容易就能指出北方。

技巧110 向太阳和星星问路

几千年来，在穿越海洋和陆地时，人们利用太阳和星星导向。

⊙ 太阳

在白天，太阳是很有用的导航工具。如果你带着手表，在出太阳的时候便可以通过它来判定你的方向。在北半球，将时针指向太阳，时针与12时刻度所成角的中线便是大致的"南"（如果不能确定中线的哪一端为南方，请谨记中午前太阳位于东方，午后太阳位于西方）。在南半球，将12时刻度线指向太阳，时针与12时刻度所成角的中线便是大致的"北"。需要注意的是，务必要将手表调为正确的当地时间，而不是标准时间。

除了手表，投影法也是利用太阳判定方位的一种简单方法，而且相对比较精确。首先找一根约30厘米长的细直木棍，将它垂直插在水平而平坦的地面上，再找一根短木棒，将它插在第一根木棒投在地面的阴影的最顶端。随着地球自转，太阳在天空的位置不断移动，木棒所投下的阴影也会随之发生位移。等待至少30分钟后，在新阴影的顶端位置再插一根短木棒，在两根木棒之间画一条线，就得到了一条东西线，第二根木棒的方向就是东方，然后，你可以据此画出南北线。第一与第二根短木棒之间等待的时间越长，确定的方向就越精确。此法对月亮也有效。

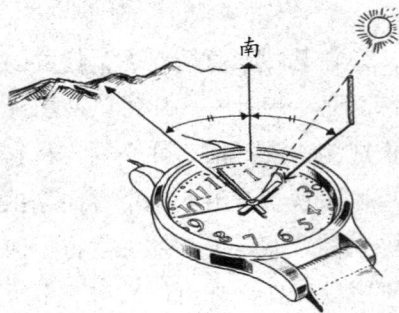

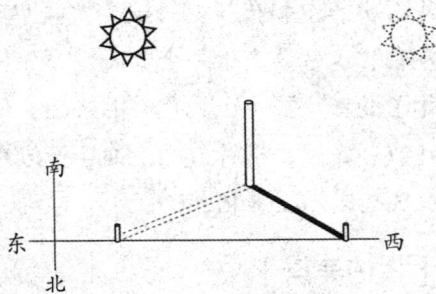

⊙ **北极星**

满天繁星中，只有一颗星是永远不会改变方向的，那就是北极星。北极星在北半球，位于北极的上方，只要找到了北极星，就找到了北方。首先让我们找到呈"大勺子"形状的北斗七星，北斗七星由七颗星构成，组成一个明显的勺子形状。找到勺子前端的两颗星，然后设想着将这两颗星用直线连接，然后朝勺口方向向外延伸，北极星就在这条延长线上。在延长线上大约五倍于两颗星之间的距离的位置上，就能找到北极星，它投影到地平线的地方就是地球的真北。

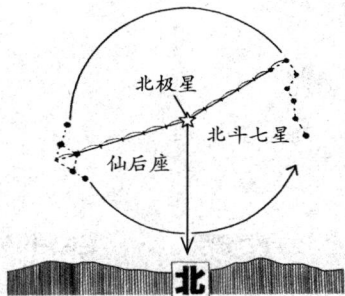

⊙ **南十字星**

在南半球就没那么方便了，在那里你看不到北极星。但你可以试着去找"南十字星"。"南十字星"由四颗主星和位于东面的两颗"拖尾星"组成，在十字和"拖尾星"之间的银河空间，会形成一片黑色的星云。将"十字星"的纵线延伸四倍，那下面便是"南"了。要想得到更精确的方位，可以找到"南十字星"下面的两颗"拖尾星"，这两颗"拖尾星"的中点线与南十字星延长线的交点便是天空的南极。

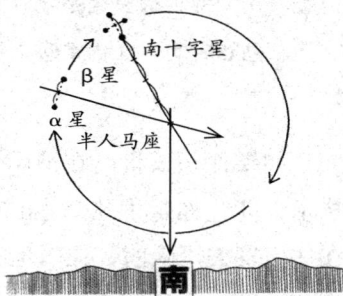

⊙ **任意星星**

除了北极星与南十字星以外，你还可以利用天上的任何一颗星来判断方向。在一个地方静静地坐上15~20分钟，用一个固定物体作参照——例如树木或山丘，观察星星是如何移动的。如果星星上升，这就表明那里是东方；下降则意味着西方；向左是表示北方；向右则代表着南方。在南半球，移动的规律正好相反。

【技巧要点】

在白天出太阳的时候，用手表确定方位非常实用；到了夜晚，则是考验地理知识的时候了。如果你能轻松地找到北极星和南十字星，那么"东南西北"对你来说都不是问题。

技巧111 试试"航位推测法"

如果你已经走了几个小时，却不知道自己身处何方，这时，航位推测法也许可以让你重回正轨。

如果你知道自己在地图上的出发点，那么，有一种被称为"航位推测法"的技术，能让你走了几个小时或一天之后大致判断出自己的方位。它的原理如下：在你出发去探险前，在平坦的地面上量出100米的长度，按照正常速度走完这段距离，计算一下走完这段距离你需要多少步。当你置身野外，行进时在心里默默地计算自己的步数，每走了100米，就在纸上做个标记，除了这一点，你应该利用指南针保持自己的前进方向，每次改变方向时，就在纸上做出标记。有了这些信息，再加上当地的地标，你可以大致判断出自己在地图上的位置。但是，你要记住，你所迈出的每一步，随着地形的变化，其长度肯定不同，所以，"航位推测法"只能提供给你大致的方位。

【技巧要点】

出发前，对自己要去的方向始终要有明确的认识。将目标固定在一个清晰而又较远的地标上，然后用"航位推测法"为自己判明，到达那里要走多远。然后，在地图上标出你的行走路线，这样你就可以推算出，剩下的路要走多久了。

技巧 112　　自然界到处是地标

如果你迷了路，一棵弯曲的树或者一小块苔藓看似不重要，但它们能带你回家并救你的命。

利用大自然做导向并不是最好的办法，但由于天气原因，你看不到太阳、星星或者月亮时，它能为你的前进方向提供一些线索。如果你看看你所去的地区的地图，注意一下大的河流流入大海的方向，这样，等你路经这些河流时，它们便会告诉你你所去的方向。你也可以把同样的办法用于山脉和山脊，尤其是因为太阳会从东面升起，向西面落下。这种方式的导向，如果在海边甚至会更加简单——只要记住大海在哪一面即可。

植物也能为你提供方向的线索。大多数植物喜欢阳光，因此，在北半球，植物经常向着南面生长，南面的枝叶更茂密，因为那里的日照更强烈；南半球则相反。与之相对的是一些喜爱黑暗的植物，例如苔藓，它们经常生长在树木北面的遮阴处，这样可以避开南面炙热的阳光。另外，一棵树被这一地区经常刮的风吹倒，如果这里的风通常是从北面吹过，那么，树木倒下的方向就是南方。而一颗被伐倒的树，树桩断面朝南的年轮较清晰。对于树皮破损的树木来说，树干朝南一面的树皮的纹理更加紧密。对于鸟和昆虫来说，它们喜欢将巢穴搭建在任何遮蔽物的避风面，当然，你首先要了解当地盛行的风向。

【技巧要点】

仔细留意你身边自然界的变化，一朵花、一棵树、一片苔藓……都能为你提供辨别方向的线索。

技巧113　迷路后的两个选择

当你迷失在孤独而又恶劣的荒郊野外，你面临着两个选择——寻找帮助，或者在原地等待救援。

你已经迷了路，但是，寻找帮助是一件非常冒险的事，因为这可能会让你越走越远。作为一个一般规则，你不应该外出寻找帮助，除非你的队伍里有人受伤需要紧急救治，或者是你所处的地方不可能有救援队来找到你。如果你们是一群人，就应该待在一起，除非你们当中有人受伤，在这种情况下，应该留下人陪伴伤者。在你离开去寻找救援前，最好跟你的朋友一起，在一张纸上写下附近的地标，这样能让救援队回到这里挽救伤者。在你出发后，沿着下坡进入山谷，试着找到一条河流，然后沿着河水的流向往下游走——人们总是倾向于在河流附近修建居住地。如果外出寻找救援只会使事情变得糟糕的话，那么就留在原地等待救援队赶到。

【技巧要点】

如在野外遇险，切记只有在必须选择离开时才离开原地，否则，最好的办法就是留在原地等待救援。

技巧114 如何找走丢的伙伴

如果，你的一名同伴突然在野外走失了，你将如何做？你应该使用你掌握的追踪技能把他找到。

首先，应该试着通过声音引起他的注意——这是指用喊叫或者吹哨子的办法。如果他没有作出回应，也许你就必须试着追踪下去。要做到这一点，首先应该像个侦探那样思考，问问自己如下的问题：他会去哪里？他会怎么想？为什么他会走失？这些问题也许会帮助你将搜索范围缩小到特定的区域。接下来，就要像追踪动物那样，仔细寻找他行动的任何迹象——脚印、丢下的东西、破裂的蜘蛛网、断裂的树枝、树干上的痕迹、被扰乱的树叶、被踢出地面的石块，以及压扁的罐子等等，并试着判断出他所去的方向。值得注意的是，人类在走路时，通常都是脚尖向外，这就表示，如果你跟踪脚印，不能只沿着一只脚印的方向，而应该沿着两只或更多脚印之间的方向追踪。

如果你和其他人在一起，可以组成一支搜索队，沿着宽阔的路线散开，进行搜索。大家沿着同一方向前进，保持在彼此能看见的范围内，这样可以确保自己不至于再走

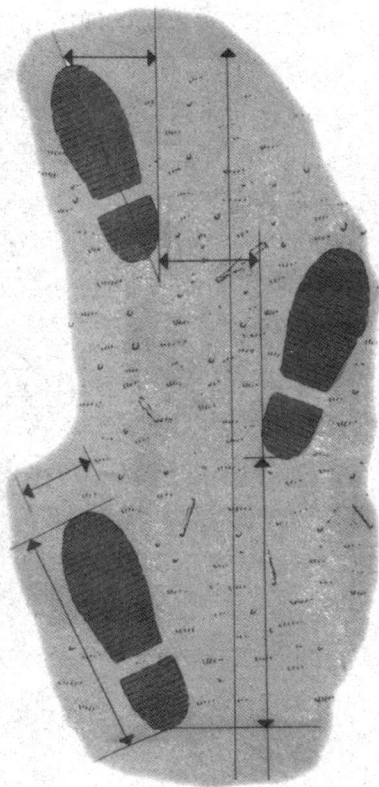

记住，人类走路时，通常都是脚尖向外。这就表示，如果你跟踪脚印，不能只沿着一只脚印的方向，而应该沿着两只或更多脚印之间的方向追踪。

失。当你开始变换方向时，应该以两端的人为"转向枢纽"，这样就不必在已经搜索过的地面上再搜索一遍了。另一种搜索方式就是"正方形搜索"法。如果你相信你的朋友就在附近，你可以使用"正方形搜索"技术寻找他们。从你的出发点开始，径直向前走，然后向左转90°，走出相同的距离（计算你的步数以保持方向）。然后再向左转，这次要走出先前两倍的距离。保持这个方法，每转两次后，距离加倍。"正方形搜索"法意味着你覆盖了很大一片区域——在你行走时，应该不断地大声叫喊，以期引起失踪人员的注意。但是，不要连续行走几个小时，否则，你就在荒野中走得太远了。

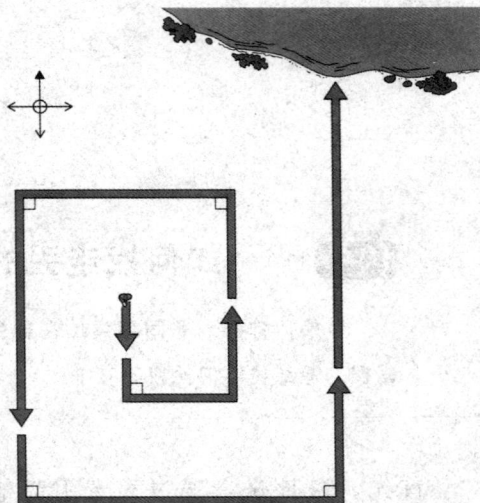

如果你相信你的朋友或救援队就在附近，你可以使用"正方形搜索"技术寻找它们。

【技巧要点】

当自己和同伴走散时，要用一双侦探的眼睛发现同伴所留下的蛛丝马迹，记住，追踪同伴的原则是"自己首先不要走丢"。

第十六章　发送求救信号

　　当人们发现你失踪了，一场搜救行动很快便会开始。此时自己能否生存的关键之一就是如何让别人知道你的位置，不管他们是专门来寻找你的还是仅仅是路人。而对于搜救人员来说，在偏远地区寻找一个人就如同"草垛寻针"，你必须要做的，就是让自己以一种独特而又显著的方式从"草垛"中显现出来。这就需要你提前准备好发送求救信号的器材和工具，以保证在极短的时间内发送信号，以免错失良机。

追踪鲁滨逊

　　有一天，鲁滨逊在荒岛上发现一条小船遇了难，他想，这条小船一定有其他船只结伴航行，便放枪发出了求救信号。他此时非常镇定，因为他觉得，即使那些船无法救他，至少也会多多少少帮助他。因此，他把附近的干柴通通收集起来，在山上堆成一大堆点起了火。木柴很干，火一下子就烧得很旺。虽然风很大，火势依然不减。他确信，只要海上有船，大船一定看得见。而事实是，大船确实也看到了，因为火一烧起来，他马上又听见一声枪声，接着又是好几声枪响，都是从同一个方向传来的。

　　听到枪声后，鲁滨逊开始乘小船满帆全速前进追赶大船。可追赶了一阵子，他就开始感到绝望了，因为大船似乎并没有减速或停下来的迹象。然而，正当此时，大船上的人们好像在望远镜里发现了鲁滨逊和他的同伴。他们看到鲁滨逊的船是一艘欧洲小艇，就以为是小船遇难后放出的救生艇，所以便落下帆等他们。这给了鲁滨逊极大的鼓舞。鲁滨逊的船上本来就有它原主人的旗帜，于是便拿出旗帜向大船摇起来作为求救的信号，同时又鸣枪求救。这两个信号大船都看见了。因为后来大船上的人们告诉他，枪声他们虽然没有听到，但看到了冒烟。他们看到了信号，就停船等他。他们的这个举动真是仁慈极了。大约过了三个小时的光景后，鲁滨逊终于靠上了他们的大船。

　　鲁滨逊在发现大船后一系列的举动，包括点柴生火、鸣枪呼救、摇晃旗帜等，都是为了引起救助者的注意，幸运的是，这些办法最终都达到了目的，鲁滨逊最终获得了救助。我们如果在野外遇险，首先想到的就是求助于他人，但能否得救的关键，就在于能否让别人发现你，并让对方了解你需要帮助的处境。这就需要运用一切可以运用的手段发出求救信号，也许你没有枪，也没有旗帜，但总有一些可以利用的东西。

技巧115 让信号"亮"起来

发送求救信号的方法有很多，它需要你充分发挥想象力，利用一切可用的资源，通过视觉、听觉和嗅觉等多种手段。但不论你采用何种信号发送方法和手段，都是要遵循几个一般性的原则。

发送求救信号的关键在于:设法吸引尽可能多的人的注意力。为了增加获救的概率，你首先要遵循下面几个一般性的原则，这对成功获救至关重要。

⊙ **要在视线开阔的地方发送信号**

开阔地的面积越大，就越容易被搜救人员发现。这是一条屡被证实的最有效的求救信号原则，然而还是往往被求生者忽略。人们倾向于待在树林中或森林边缘地带，认为搜救人员可以看到他们。这些地方对于设置栖身所或宿营地是合适的，但必须在空旷的开阔地发送求救信号，才更容易获救。

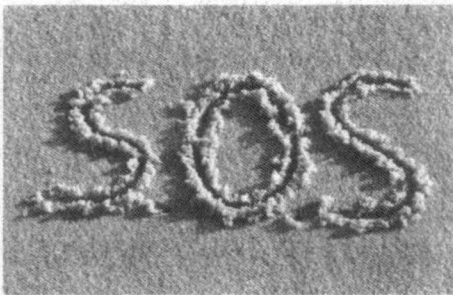

⊙ **要让自己看起来尽可能大**

如果求生者自身就是信号发射源，必须让自己看起来尽可能大，才更容易被人发现。从高处俯瞰，一个站立的普通成年人所占面积约为1.5平方英尺（0.139平方米）；如果他平躺在地上，所占面积约为5.5平方英尺（0.52平方米），接近直立时的4倍。

你可以在开阔地采用下面这种方式来增强自身的视觉效果：尽量搜集衣物、装备或飞机残骸中捡回的碎片、树枝、石块或其他任何能用到的材料，以直线和锐角的方式拼出几何图案或求救 "SOS" 的字样。图案拼得越大越好。这种人造图案在自然环境中是非常罕见的，因此会显得格外醒目从而吸引搜救人员的注意力。

⊙ 要充分利用环境对比

穿上与周围颜色反差强烈的（如色彩鲜艳的）衣服就能让你与周边对比出来。在用图案发送信号时，务必寻找和使用与地面及周围环境对比强烈的材料，颜色鲜亮的衣服、设备、树枝、原木、绿色树干或石块等。尽量将图案做得大些，以增加被天上飞机发现的概率。

即便你手头什么也没有，还可以用木棍甚至鞋跟在地面上画出图形或字母。如果是在冰雪环境，可以在雪地上来回走动踩出图案。雪中的图案在清晨和傍晚最易被发现。此时太阳位于接近地平线的位置，图案会在雪地上留下阴影。

⊙ 要让信号动起来

让视觉信号动起来能加大与周围环境区分开从而增加被发现的可能性。比如，当你把自己作为一种信号躺在地上时，别躺着不动。相反，应该夸张地前后晃动双臂。如果你是站着，那么应该挥舞着手臂来回跑动或绕着圈跑。如果可能，每只手应拿着一件衣服或其他织物来不停摇晃。你还可以做一面旗子来晃动。要记住，这不是害羞或矜持的时候，你的动作越夸张，越有可能被发现。

⊙ 要充分利用声音信号

在你的求救信号中添加声音会增加被找到的机会。任何信号重复三次便是公认的求救信号。一个声音连续发出三次，中间停顿一下之后再重复，表明这是一个求救信号。你可以利用多种技术制造声音。金属锅碗瓢盆互相撞击的声音、木棍敲击原木或石头的声音、枪声、哨声、汽车喇叭或叫喊声都可以有效地把别人吸引到你所在的地点。

【技巧要点】

视野开阔的高地，加上尽可能大而明显的信号源，以及声音的辅助，是成功获救的法宝。

技巧116　白天制造滚滚浓烟

人类使用烟作为信号已经有很长的历史了。在白天，发送信号的最佳方式当属制造大量的烟雾。

烟雾信号集视觉面积大、对比明显、信号源移动等诸多特点于一身，简便可靠，是一种特别适用于白天使用的信号手段。烟信号的关键是要生起一堆火，然后有选择地添加覆盖火堆的燃料。能够释放出大量浓烟的燃料包括所有青绿色的活植物，如带绿叶的树枝、树木、鲜草等，还有轮胎橡胶、燃烧缓慢的石油产品、塑料、绝缘材料、从汽车或飞机上拆下的合成织物内饰材料以及带绝缘外皮的电线等。同时，要根据地形情况决定发送何种烟雾信号：用绿叶、苔藓或者潮湿的木头覆盖在火堆上可以产生白烟；用橡胶、油脂覆盖在火堆上可以产生黑烟。搭造烟雾火堆的时候，最好选择在地面上生火，要利用较大的原木作为燃料，这样才能够产生较好的烟雾效果，确保绿色树枝能够长时间燃烧。如果是在冰天雪地中，务必选择在一个高于潮湿地表的平台上搭建火堆，否则融化的冰雪会增加燃烧的难度。

此外，多点几处火堆可以增加信号效果。火堆相隔不必过远，因为目的只是为了产生更多烟雾。如果使用有毒物质作为燃料，还要严格做好预防措施，避免吸入浓烟。

【技巧要点】

发送烟雾信号时，要选择能够释放出大量浓烟、且燃烧时间长的燃料。

技巧 117 夜晚点燃熊熊火焰

到了夜间，用强烈燃烧的火焰发送信号效果会更好。

记住，搭造的火堆一定要能够发出大量的强烈的火焰，且要在开阔地点燃火焰。将三堆火摆放成一排或三角形，表明是紧急求救信号。紧急情况下，及时点燃树木可以更好地吸引外界注意力。注意，含有沥青或是油脂的绿色树枝可以很快点燃，如果是其他类型的树木，则可在树下放置干燥的木材和树枝并点燃。

在决定何时和如何使用火焰信号时，你要考虑到所有方面，并采取谨慎的方法。例如，点燃野外的一处小木屋或一座废弃的护林站会制造出非常显眼的火光信号，而随之发生的森林大火必然会吸引到足够的注意力。然而，一旦大火不可控制，这样的境况就会危及你和同伴以及搜救人员的生命安全，而且宿营地及周边有限的资源都将破坏殆尽。此时你除了祈求搜救人员能及时出现帮助你逃离火场外，别无他法。而一旦没有获救，更加恶劣的环境会使你的境况进一步变糟。

因此，决定使用火焰信号前应该考虑一下几个因素：此处点火有没有危险？如果现在就生起一堆大火会不会让自己和同伴陷入危险？可用的燃料有哪些？如果火焰信号没有收到预期效果，是否仍然拥有生存所需的材料？是否还有其他信号选择？如果你觉得火焰信号是目前最好的选择，就需要采取预防措施，防止火焰蔓延到别的区域。要保证点火点2~3英尺（60~90厘米）的区域内以及点火点上方没有易燃物。在风大的时候，火焰要小些或最好等风停了再生火。火焰点燃之后，要始终有人值守。

【技巧要点】

尽量搭造独立的火堆作为信号，而不是点燃树木，如特别需要，也要保护好生存资料和自身安全。

技巧118 用反光镜吸引注意

在晴朗的白天，如果你无法制造出大量的烟雾，还可以利用镜子、磨光的军用水壶杯、皮带扣或者其他可以反射太阳光线的物体发送信号。

人们在白天用反射光线的方式发送信号的历史可以追溯到几百年前了。这是一种非常有效的手段，任何能够反射光线的平面，如抛光的金属、玻璃、镜子、汽车前灯反光罩、手电筒内的反光罩以及某些类型的天然石材等，都可以用来吸引别人的注意力。任何金属物体，如易拉罐、炊具盒、食品罐头盒、餐具、汽车或飞机零部件以及皮带扣等都能当作反光镜使用。只要用沙子或泥土摩擦几下就能起到抛光作用。正常气象条件下，镜子反射的光线信号可传输100千米之外，在沙漠甚至可传出160千米之外。

★ 用普通镜子或其他反光设备发送信号时，请按下列步骤去做：

1. 一手持反光镜，将太阳光反射到另一只伸出去的手上（这只手是你的瞄准手）。

2. 将瞄准手的拇指张开。

3. 将反射光瞄向瞄准手拇指与其他手指之间的位置。

4. 然后移动瞄准手，同时调整反光镜，将反射的光线瞄准目标。

许多专门用于发送信号的镜子中心有一个瞄准具。这些镜子很容易使用也更精准。半透明的瞄准具能够呈现出太阳反射出的映像并能让使用者确切地看到太阳光被投向了何处。这种镜子可以在户外野营店买到。

专业信号反光镜的材料有玻璃、金属和聚碳酸酯热塑性树脂等。其中，玻璃的反光效果最好。玻璃信号反光镜的玻璃材料与一般的玻璃不同，由若干层构成，很厚，更耐用。当然，如果操作不当，也会被打碎。聚碳酸酯反光镜重量轻，结实耐用。但反光效果比玻璃略差，而且更容易留下刮痕。金属反光镜毫无疑问是最结实的，但在这三种材料中反光效果最差。不论是哪种反光镜，都应该存放在软袋内，有条件的还要在反光镜表面盖上盖子。

如果你没有具体的呼救目标，比如天上飞过的飞机或是路上的汽车，你也可以用反光镜慢慢来回地扫过地平线的位置。如果天气晴朗，镜子反射的光线在几英里之外都能看到。即便是在半阴天或雾霾天气下，反光镜仍能起到一定作用。

用一面小镜子捕捉阳光，然后将其反射给路过的船只、飞机和人。镜子的角度直接指向你的目标。

【技巧要点】

利用反光镜发送信号时，需要掌握反光原理，并且寻找一切能够反射光线的物体。

技巧 119　　全世界都认"SOS"

假如你独自漂流到一个无人的孤岛上，在快要弹尽粮绝时，一只大船靠近了你。你拼命地挥手，没想到船员看到的只是你微笑地挥了几下手而已，所以没有停下，继续开走了。相反，如果你懂得发送世界通用的"SOS"信号，你就一定能获救了！

"SOS"是国际莫尔斯电码救难信号，意思是"save our souls（救救我们）"。发送"SOS"信号，可以通过点灯、吹口哨、吹笛子等方式。头灯和手电等在夜间发出的光可见度极高，求救时，用光亮来制造出三短三长三短的规律，引起别人注意，也可以用一个特定的方式，比如上下晃、横着晃或者绕圆圈，只要是个让人觉得长时间有规律的动作即可。

在野外，要把求救信息传出去，靠喊是不行的，这时候如果有哨子或笛子，可以将SOS转换成声音——三短三长三短，吹出求救信号。吹的时候一定要有规律，三声短三声长，再三声短，间隔1分钟之后再重复，并要坚持反复重复这种规律，即使路过的人不懂得莫尔斯码，也会引起注意。

点
点
点
划
划
划
点
点
点

【技巧要点】

发送"SOS"信号要有规律，三短三长再三短，反复重复。

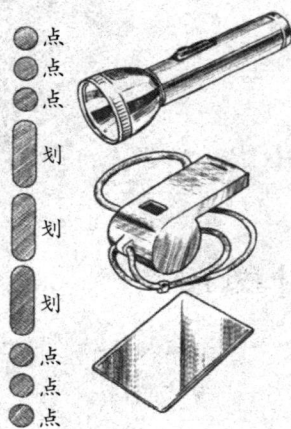

技巧120 如何让飞机发现你

你想被飞行在数千英尺高空的救援飞机发现吗？你可以通过这些简单的地空信号达到目的。

今天，野外救援行动使用飞机的频率越来越高，因为飞机可以在短时间内覆盖大片地区。问题是，从数百英尺的高空，往往难以发现站在地面上的一两个人。所以，这就是设置低空信号的原因所在。

在地面上铺设这类巨大的求救标记，你可以使用任何可用的材料，只要在空中能清晰地看见即可。下面的图片为你展示了国际通用的地空信号标志。你可以用任何东西标记出这些标志——衣服（特别是色彩鲜艳的）、睡袋、树枝、泥土、雪堆或者树叶堆，但是，还有些规则需要遵循。把标记做大些——做到10米长就非常好。理想状态下，最好能使做标记的材料与地面形成反差，例如，绿色的树枝放在光秃秃的褐色地面上，或者把材料高高地堆起来，以便投下非常明显的巨大阴影。把标记物放在平坦、开阔的地区，以便从空中可以容易地看见，例如放在高地上。最后要注意的是，一旦你获救，请及时把布置的信号标记去除，另外，如果你移动到另一个地方，请把地上的标记改为方向箭头（如图）。

1.需要医生——严重受伤
2.无法前进
3.需要食物和水
4.需要武器和弹药
5.需要地图和指南针
6.将试图起飞
7.标示前进方向
8.我已沿此方向前进
9.需要食物和油

【技巧要点】

设置低空信号时，可以用身边一切能找到的东西，如衣服（特别是色彩鲜艳的）、睡袋、树枝、泥土、雪堆或者树叶堆等，而且最好能使它们与地面形成反差。当你获救后，也要记得去除这些信号。

技巧121　充分利用身边东西

当你身处险境时，要尽可能利用身边的一切东西发送求救信号，哪怕你没有什么装备，也可以用衣服、用身边的一棵大树帮助你得到救援。

⊙ 树冠信号

如果你深陷密林，开阔地又非常稀少时，要将颜色对比强烈的衣服、塑料物品或其他材料放在大树顶上。只有将这些求救信号物放在树冠上面，才有可能被空中的搜救人员发现。为此，你要尽量爬到大树的最高处，然后再用长杆将这些临时制作的信号物托到树冠上。

⊙ 旗子

旗子能够随风摆动，如果颜色与周围环境对比强烈（比如你恰好带有一卷色彩绚烂的塑料飘带），将会是一种非常醒目的求救信号手段。旗子可用衣服、树皮或树枝、塑料物品或其他可找到的材料来制作，在木杆上系上长长的飘带，然后来回挥舞，就构成了一面有效的信号旗。如果你因伤不能挥旗或暂时要离开信号旗的位置，可将旗子拴在树上或长杆上让它随风摆动。

⊙ 帽子

如果你只有一顶帽子，那么可以通过挥动帽子发出救援请求。帽子的挥动也有技巧，长时间有规律地绕"8"字挥动，可以引起别人最大的注意。求救信号发出后，也要不停地传递这个信息，直到引导救援人员来到你跟前。

【技巧要点】

寻找身边的制高点，尽量使用颜色醒目的东西作为信号。

第十七章　做自己的"私人医生"

充分的准备和周全的预防是抵御伤病的第一道防线，但无论你做了多么大的努力，仍有可能会发生意外。有时，放着手指上扎的刺、脚趾磨出的水泡等小小的伤口不管，也可能会使症状恶化，甚至丢掉性命。所以，你必须学会如何识别和处理它们，掌握一些在急救队和医生赶到以前能派上用场的急救基础知识。

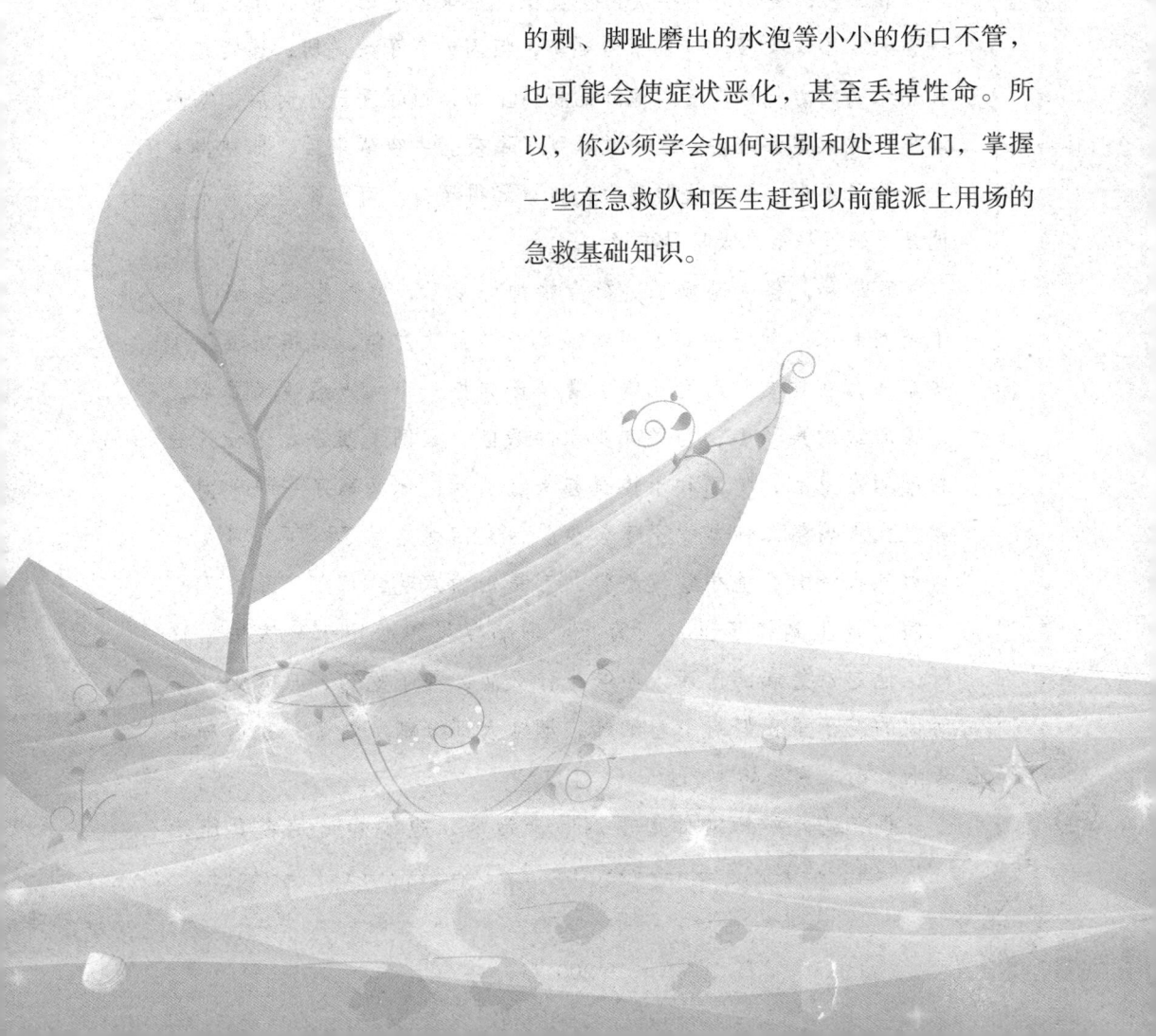

鲁滨逊治疗疟疾

一次，鲁滨逊因为在雨季外出而染上了疟疾。疟疾发作得很厉害，发作一次持续七小时，身体时冷时热。到了第二天，虽然他身体仍十分虚弱，但是出去打了一只母山羊，拖回家烤一点山羊肉吃。

第三天，鲁滨逊的疟疾再次发作，且来势更凶。他在床上躺了一整天，不吃不喝，口里干得要命，但因为身子太虚弱，连爬起来弄点水喝的力气都没有。他开始祈祷上帝，过了两三小时后，寒热渐退，他才昏昏睡去。这一觉睡到了半夜。半夜醒来后，他觉得身子爽快了不少，但仍软弱无力，口里渴得要命。可是家里没有水，他只得躺下等第二天早晨再说。

第四天，鲁滨逊睡了一夜后精神好多了，寒热也完全退了，于是便起床。他考虑到疟疾明天可能会再次发作，就提前准备了些东西，在他发病时可吃喝。鲁滨逊先把一个大方瓶装满了水，放在床边的桌子上，为了减少水的寒性，又倒了四分之一公升的甘蔗酒在里面，把酒和水掺合起来。然后，他又取了一块羊肉，放在火上烤熟，但却吃不了多少。他又四处走动了一下，可是一点力气也没有。他想继续睡觉，可是心烦意乱，郁郁不乐，无心入睡。他坐到椅子里，因为担心旧病复发，心中十分害怕。这时，他忽然想起，巴西人不管生什么病，都不吃药，只嚼烟叶。而他的箱子里正好有一卷烟叶，烟叶大部分都已烤熟，也有一些青烟叶尚未完全烤熟。

鲁滨逊并不知道如何用烟叶来治病，也不知道是否真能治好。但他作了多种试验，认为总有一种办法能生效。他先把一把烟叶放在嘴里嚼，一下子，他的头便晕起来。因为，烟叶还是半青的，味道很凶，而他又没有吃烟的习惯。然后，他又取了点烟叶，放在甘蔗酒里浸了一两小时，决定睡前当药酒喝下去。最后，他又拿一些烟叶放在炭盆里烧，并把鼻子凑上去闻烟叶烧烤出来的烟味，尽可能忍受烟熏的气味和热气，只要不窒息就闻下去。在临上床睡觉之前，他又喝了点浸了烟叶的甘蔗酒。烟叶浸过之后，酒变得很凶，且烟味刺人，几乎无法喝下去。喝过酒后，他就立刻上床睡觉。不久，他感到酒力直冲脑门，非常厉害，便昏昏睡了过去。醒来时，他觉得精神焕发，身体完全恢复了活力，力气也比前一天大多了，并且胃口也开了，因为肚子感到饿了。第二天疟疾没有发作，身体逐渐复原。鲁滨逊想，一定是昨天喝了那种药酒，身体才好起来。所以，在接下来的几天里，他又继续喝了点浸了烟叶的甘蔗酒，只是喝得不多，也不再嚼烟叶或烤烟叶熏头了。

在荒岛上，鲁滨逊得了一场大病——疟疾。虽然身体虚弱，病痛缠身，但他并没有被病魔打倒，而是冷静地想办法医治自己。幸运的是，他想到了用烟叶来治疗，而这个办法确实奏了效，最终使他身体痊愈。野外生存并没有许多人想象得那么可怕，但也绝不是一条浪漫之旅。你必须要照顾好自己的身体，让自己在野外过得更舒服。也许有人会说："我很强壮，一年到头也不会患上一次感冒！"但试想一下，长途跋涉中你在经历酷热、严寒、食物不足、水分不足等等生存考验的时候，你能熬几天？所以，懂得必要的保健知识和急救知识，将会让你活蹦乱跳地回到熟悉的城市。

技巧122　小水泡，大麻烦

我们都曾有过水泡。但是在求生过程中，如果你不及时处理它们，水泡会拖缓你的脚步，妨碍你迅速到达安全地带。

水泡通常出现在脚上和手掌上，一般都是由于靴子或绳子等摩擦皮肤所致。

如果出现了水泡，一般可以对它置之不理。因为用指甲挑破它很容易导致水泡发炎感染，所以千万不要这样做。但如果水泡很大也很疼，而你又不能休息治疗，那么你不得不用针挑破它。首先，用肥皂和水清洗水泡及其周围的皮肤。然后把针放在水中沸煮十分钟进行消毒，或者把针放在火上烧（使用前先冷却）。把针慢慢地刺入水泡的外边，抽出针，让水泡里的液体流出，用一块干净的垫子轻轻地挤压水泡。等水泡内空了后，用一块绷带覆盖住水泡所在的位置。

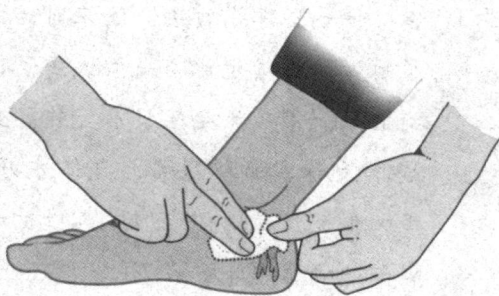

【技巧要点】

处理水泡的消毒工作是至关重要的，一旦疏忽，很容易发炎感染。

技巧123　太冷太热都能要命

> 尽管你很强壮，但是，永远不要低估严苛环境的威力。虽然人体会自动产生代偿机制来保护自身，但如果长时间地暴露在恶劣环境中，代偿机制就会失效，导致与过冷或过热有关的伤病。

⊙ 晒伤

炎炎烈日下，如果你将皮肤暴露在外，那么只要几个小时，就可能导致可怕的灼伤。晒伤不仅增加了中暑的风险，而且科学家们发现，这也是造成皮肤癌的因素之一。避免晒伤的主要方法是：一，用衣服遮盖皮肤，这就意味着长裤和长袖衬衫，外加宽边帽；二，使用防晒霜，防晒指数至少要达到30。但是，如果你已经被晒伤，那么，你应该尽可能地让晒伤处冷却下来。将一块冷敷布——浸泡在冷水中的护垫，盖在晒伤处，等护垫被捂热后进行更换，反复进行。如果你受到的晒伤非常严重，皮肤已经起泡，不要挑破水泡。任何晒伤，靠自身的体液完全可以治愈，所以一定要大量喝水以保持体内的水分。当晒伤愈合时，注意覆盖伤处并避免阳光照射，但是要记住，待在阴凉处并穿上衣服，这才是最佳选择。

⊙ 中暑

天热可以引发轻度中暑和中暑两种病症。轻度中暑的原因是由于出汗导致体内水分和盐分的过度损失。症状是皮肤汗湿发冷、伴随头痛、头昏眼花、虚弱无力、食欲不振。若不及时治疗，情况可能恶化，甚至达到致命的地步。治疗方法是躲避到阴凉处，抬高、按摩双腿，使血液循环回流至心脏，并大量喝水。

与轻度中暑相反，中暑的原因不是大量出汗，而是身体排汗机能发生故障，无法出汗。症状是皮肤变得发烫、干燥，会突然倒下，或者感觉头痛、头昏、眼花，甚至是丧失意识、精神慌乱。中暑非常危险。治疗的关键是尽快降低体温。

此时应立即转移到通风阴凉处，如果条件允许的话，将身体浸泡在冷水里是最有效的办法。但如果水有限，可以松开衣服，使全身放松，然后在身上喷溅少量水，再用衣服使劲扇，空气流动和水分蒸发都会带走身体积热。

⊙ 冻伤

当环境温度低于0℃时，暴露在外的人体组织将有被冻结的危险。人体部分血液循环较低的部位，如手指、脚趾、耳朵、鼻子和面部，将变得特别脆弱，皮肤组织会丧失功能和坏死，这是具有毁灭性的。如果你感到身体某个部位的感觉全部消失，手感就像木头棒子，质感坚硬，皮肤变色，那么就是已经冻伤了。此时的你必须知道：如果还有可能再次受冻，千万不要急于将受伤部位解冻。一定要等回到安全的地方，再将受伤的部位慢慢放到38℃~43℃的温水中浸泡。待受冻之处变红之后，可能会感到疼痛。一天之内，冻伤之处可能还会长出大的水泡——千万不能刺破，它们会在2~3个星期之内自行破裂消退。如果是深度冻伤，受伤部位会生出一层坚硬的黑壳。不用去管它，它只是为了保护损坏的组织，3~6个星期之后会自行脱落。受伤之处将在6个月到1年之内才能痊愈。务必要牢记：不得在冷水中慢慢解冻；不得靠近火堆解冻；不得摩擦冻伤部位，特别是不能用雪摩擦。

⊙ 低体温症

天冷的时候，低体温症是真正的杀手。低体温症主要指体温低于正常的体温（36~38℃）。此时如果不加医疗干预，人会在寒冷中默默死去。它的主要症状是：轻微颤抖；中度颤抖（无法控制手臂、手指的活动）；严重颤抖（说话困难）；慢慢停止颤抖；失去理智；无法正确作出决定；丧失意识；死亡。治疗低体温症的方法是补充热量。尽快停下手中的事情，离开寒冷环境。生一堆火，烘干衣服和身体，喝下热水热汤，吃下巧克力。切记千万不能喝酒，否则只会导致主要热量的损失。

【技巧要点】

面对复杂的自然环境，分层穿衣是关键，它的好处是热时可减，冷时可加。此外，要随时关注自己的身体变化，炎热时多喝水，寒冷时多吃热量高的食物。

技巧124　出血了！止住它！

当鲜血从你的伤口处汩汩流出时，深呼吸，别慌，然后将你的急救技能付诸实践。

面对任何伤口，你首先要做的事情就是止血。找一块干净的护垫盖在伤口上，保持一定的压力（如果没有较大的物体穿过伤口，不要试图把它拔出，而应该在它旁边按压）。如果血渗透了护垫，只要再用一块护垫盖在上面继续按压即可。只要伤口不是太严重，随着血液凝结，十五分钟内便会止血。如果伤口发生在手臂或腿上，可以让身体躺下，抬起手臂或腿，高过心脏位置，以帮助止血。因为从心脏泵出的血液到达高处较为困难，这就有助于血液凝结。当血被止住而且伤口出现血凝块时，开始用肥皂和干净的流动水源冲洗伤口。清创一定要彻底，去除所有残留的死皮或肉渣、污物和其他异物。需要注意的是，清创一定要在血彻底止住后才能进行。

洗净伤口后，需尽快用绷带或布带将护垫扎紧，因为在野外生存环境中，裸露的伤口很容易受灰尘和病毒的感染。使用绷带时，不要扎得太紧，以免影响血液循环。坚持每天检查伤口，更换清洁纱布。伤口愈合时出现轻微红肿或排液是正常现象，但如果出现严重的肿胀，伤口化脓，红肿面积扩大以及发烧症状，就要格外小心了。这是伤口感染的迹象。如果感染症状非但没有消退，反而加剧，要立即寻求专业医疗救治帮助。

【技巧要点】

当你的伤口流血时，首先要止住血，然后再进行清洗。必要时可通过简单的海拔原理（将受伤的部位抬高）和压力（用一块干净的护垫压在伤口上），大多数伤口可在十分钟内止住。

技巧125　流血不止怎么办

流血的伤口看起来很可怕，但更可怕的是血流不止，此时，最重要的就是想尽一切办法立即止血，否则你很有可能因失血过多而死亡。

如果出血量达到血液总含量的1/3，人便会有生命危险（血液总含量为体重的1/13，体重50公斤的人大约有4升的血）。

止血的基本方法即"直接压迫止血法"，是用干净的纱布或头巾盖住出血的地方，并用手压住。如果布比较薄，可以折起来使它变厚。如果在压住伤口的同时能用三角巾等把伤口包扎起来，效果则会更好。如果效果仍不明显，可以尝试"指压止血法"。即找到离出血处较近的连接心脏的大动脉，用手或手指用力将血管压向骨头内侧。

如果此时伤者出现休克症状（目光呆滞、呼吸散漫、出冷汗、嘴唇发紫、浑身发抖等），则令其保持休克体位。如果没有休克症状，则应保持出血部位高于心脏。但如果伤在头部，则不要采用休克体位，而是尽量保持头部不动。

如果伤势严重，采取各种方法都无法止血，则应采取"止血带"法。具体位置仅限于上臂（腋窝的正下方）或者大腿的上部。止血带至少要有五厘米的宽度。将止血带缠绕在手臂或大腿上面，系上一个半绳结，半绳结上面再插入一根木棒，紧接着再系出一个双绳结。转动木棒，使止血带逐渐绷紧，直到失血现象完全停止时为止。切记：这种方法是止血法的最后一张王牌，不到最后关头不要轻易使用。因为一旦使用止血带，肢体部分组织会因血液无法供应而发生死亡。

【技巧要点】

首选"直接压迫止血法"，然后才是"指压止血法"，万不得已时才用"止血带"法。

技巧126 一针一线缝伤口

也许你的伤口已经不再流血，但是在野外，如果不加以细心照料的话，任何伤口都有被感染的危险。尤其是在伤口很深时，你也没有太多的选择，只能像专业人士那样一针一线将它缝合。

⊙ 包扎伤口

等伤口的流血得到控制后，你就要把伤口包扎起来。但是，如果伤口再次流血，立即停止这一步骤。现在，找一块干净的护垫和绷带，把护垫盖在伤口上，用绷带扎紧。如果你没有专用的绷带，可以使用任何带状的材料，但要确保它们干净（把它们放进水中沸煮几分钟，就能消毒）。用绷带把护垫扎牢后，可以用胶带或别针把绷带的尾端固定住，或者直接打个结。

⊙ 缝合伤口

缝合伤口主要针对的是干净的直切伤口。永远不要试图缝合参差不齐、污秽不堪的伤口，超过12小时以上的伤口也不要去缝合。要缝合伤口，你需要针和线，把它们放入水中煮沸10~20分钟消毒。伤口必须清理干净，所以先用肥皂（如果你有的话）把你的手洗干净，确保把指甲下的脏物清洗掉。现在，你可以进行初步的缝合了。在伤口的正中央插入针，穿过伤口的两侧，然后将线尾段打结，使裂开的皮肤合拢。在伤口中央的两侧重复这一步骤，根据需要，可能要反复好几次，最终把伤口整齐地缝合起来。

【技巧要点】

包扎时，绷带不要扎得过紧，否则会影响血液循环；缝合时，从伤口中间插入针，将两侧的皮肤整齐地合拢起来。

技巧127　伤筋动骨时停下脚步

野外环境非常复杂，行进过程中稍有不慎，就会扭伤、拉伤，甚至关节错位，这时你最好停下脚步，耐心等待受伤部位复原。

拉伤、扭伤和关节错位常见于野外生存环境。所谓拉伤是指肌肉撕裂或者过度拉长。扭伤是指连接于关节部位的肌肉组织扭曲与撕裂。关节错位是指由于突然落下、猛烈打击等原因造成的关节脱离原位。遇到拉伤或者扭伤，可以给受伤部位敷上一个冰袋以减轻疼痛。立即采取这种冷敷措施，然后再固定受伤部位。要等到过几天甚至是几个星期之后，受伤关节才能恢复正常的灵活性。若万一扭伤了脚踝骨，但出于某种原因仍然需要继续步行，受伤者就一定不要把自己的鞋子脱下来。从某种意义上来说，这双鞋子可以起到夹板那样的固定作用。如果鞋子脱下来以后，因为肿胀，很难再一次穿上去。

一旦发生关节错位，马上就会出现肿胀现象，而且还会带来极大的痛苦。最好在肌肉出现肿胀以前将错位的关节复位，否则，肌肉痉挛就会给整个复位工作带来严重的障碍，那是因为错位关节周围的肌肉几乎会立即变得非常紧张坚硬。倘若无法做到这一点，伤员就有可能面临生成坏疽或者永久畸形的危险。进行关节复位手术时，务必要采取持续牵引的方法，使错位的手足部位恢复正常，矫正好错位关节，减轻血液组织和神经的压力。牵引动作要缓慢柔和，确保关节准确复位，同时注意观察神经反应。如果神经感觉疼痛难忍，继续重复上述牵引动作。务必要保证充分的休息，直到错位关节完全治愈。

【技巧要点】

拉伤和扭伤后，要立即采取冷敷措施，并加以固定；发生关节错位后，首要的则是将错位的关节复位，否则会有生成坏疽或者永久畸形的危险。

技巧128　做一副夹板或担架

你扭伤了脚踝，或者是你的朋友摔断了腿，而你们正身处荒郊野外。这是一件非常痛苦的事情，它不仅会对活动造成很大影响，如果身边没有其他人帮助，很有可能因此丧命。那么，你将如何阻止伤势进一步恶化呢？

如果伤处肿胀现象严重，疼痛难忍、无法移动，且伤处有不自然的变形，那就有骨折的可能。此时，不要移动伤处，让伤处保持骨折时的形态，用夹板固定。如果骨折的地方出血，则先进行止血，再用夹板固定。在去往医院的途中，应尽量小心移动身体，不要活动骨折的地方。

夹板通常用于四肢的断裂或者脱臼，目的是保护受伤的手臂或腿，起固定作用。制作夹板，你需要一到两根笔直坚硬的"稳定物"和一些填充材料，以及一些条状材料或者绳索将夹板扎紧。"稳定物"可以是任何材料，只要能让伤处不发生弯曲即可，可以使用木板或树枝、帐篷的撑竿、滑雪杖，甚至可以用卷起来的杂志或报纸。首先，尽可能把伤肢置于最舒服的位置，如果是腿受伤，就躺下来。将两根"稳定物"放在伤肢两侧，在"稳定物"和皮肤之间放一些填充物。接下来，用布带或绳子捆扎整个夹板，进行这一步时要小心，不要造成伤处偏移或脱位。

这一夹板被用于受伤的手臂，是用两根短木棒组成的。

对于身体不同部位的骨折，固定的方法也各有不同：上臂骨折时，先绑好夹板，再用三角巾把手臂吊起来绑在脖子上，固定在身体上；前臂骨折时，夹板应比骨折的骨头更长些；手指骨折时，用方便筷子或勺子把等固定骨折的部位；小腿骨折时，要用夹板固定整只小腿；膝盖骨折时，将布卷好放到膝盖下面再固定，不要让夹板硬性接触膝盖骨。

为断腿做的夹板。注意看夹板中填充物的使用方法，这给了受伤的腿一些保护。

如果你的朋友受伤太重以至于无法行走，而你又不能把他救走时，也许你可以制作一副临时担架把他抬走。临时担架只需要两根长木棍和中间的材料即可。首先，挑选两根长一些、直一些的树枝，确定这两根树枝不要太有韧性。或者也可以使用滑雪杖以及帐篷杆这些。如果使用树枝，就用你的刀把上面的突起削平，然后找一块宽点的材料，例如毯子或帐篷的防潮布，将两根木棍面对面地放在这块布的两边，然后向中间卷动布，直到中间留下的空间足以容纳伤者即可。实际上，先让伤者躺在这块布上，然后你再开始卷动布料的两边，这样做起来更容易一些。现在，四个人可以握住木棍的四个顶端，把担架抬起来。如果你没有大的布料制作担架，也可以用空的背包或者夹克——把衣袖塞入衣服内，然后把木棍塞入衣袖。另外，多余的绷带还可以将伤者绑在担架上，这样，在你们行进时，他就不会跌下担架。

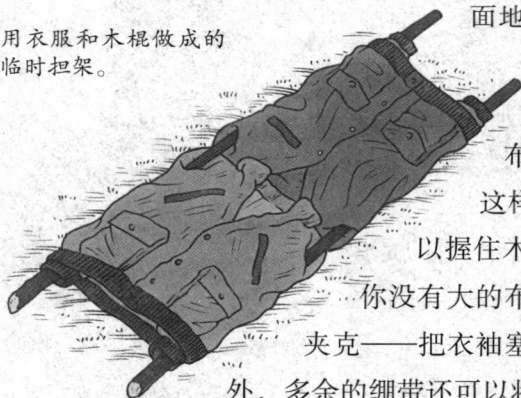

用衣服和木棍做成的临时担架。

【技巧要点】

木板、树枝、帐篷的撑竿、滑雪杖、三角巾、衣服……身边的很多东西都可用来做成夹板和担架，简便可行。但要记住在安装夹板的过程中不要活动骨折的地方。